IDEOTAS PRESIDENCIALES

ANTONIO GARCI

IDEOTAS PRESIDENCIALES

UNA LAMENTABLE Y MUY JOCOSA HISTORIA DE LOS PRESIDENTES DE MÉXICO

DIANA

Diseño de portada: Planeta Arte & Diseño / Estudio La fe ciega / Domingo Martínez
Ilustración de portada: Ilustración creada con imágenes de © iStock
Diseño de interiores: Sandra Ferrer

Bajo el sello editorial DIANA M.R.
Avenida Presidente Masarik núm. 111,
Piso 2, Polanco V Sección, Miguel Hidalgo
C.P. 11560, Ciudad de México
www.planetadelibros.com.mx

Primera edición en formato epub: agosto de 2022
ISBN: 978-607-07-8307-4

Primera edición impresa en México: agosto de 2022
ISBN: 978-607-07-8313-5

Impreso en los talleres de Impresora Tauro, S.A. de C.V.
Av. Año de Juárez 343, col. Granjas San Antonio, Ciudad de México
Impreso y hecho en México – *Printed and made in Mexico*

Índice

Don Juan de O'Donojú

Agosto-octubre de 1821

El último gobernante que tuvo España en México, quien además ni gobernó, Juan José Rafael Teodomiro de O'Donojú y O'Ryan, fue una víctima más de la veleidosa y chaquetera política que, entonces como ahora, cambia de ideales como cambia de calzones una teibolera en quincena. Nuestro personaje nació en Sevilla, en 1762, y murió en México en 1821, a los 59 años, muy probablemente envenenado, y si no, del coraje.

Don Juan era un entusiasta de *la Pepa*, apodo de la famosa Constitución de Cádiz de 1812 por haber sido promulgada el día de San José, y por ella se quedó la famosa frase de «Viva la Pepa» para señalar el entusiasmo frenético del desmadre que genera caos. Esta Constitución liberal se redactó en Cádiz, porque esa ciudad era la única de España que no había sido tomada por las tropas francesas que la invadieron en 1808; es decir, era la única parte independiente de España en España. Contó con la representación de diputados que llegaban de todos los rincones del inmenso Imperio español, entre los que estaban incluidos los representantes de la Nueva España, que hoy es México. La Pepa intentaba unir a todos los habitantes del Imperio español, pues con ella se acababan las castas, las diferencias y las condiciones entre las personas por su nacimiento; con esa noble intención, y sin proponérselo, la Pepa fue lo que realmente terminó desuniendo a los españoles de todo el mundo.

Esta Constitución limitaba el poder del rey, declaraba que la soberanía era del PUEBLO, no del monarca, y reconocía como españoles iguales a todos los habitantes del Imperio, lo que acababa con el odioso sistema de castas colonial. Como era de suponer, algo así le cagaba al rey, que, para colmo, era el más déspota, cruel, incompetente, corrupto, mentiroso, tirano, oportunista, traicionero, cobarde, vicioso, resentido y ojete de cuantos habían pasado hasta ese momento por la monarquía hispánica desde que Isabel de Castilla y Fernando de Aragón unificaron sus reinos e inventaron España. La asquerosa pero edificante historia fue así: después de la invasión francesa, Fernando de Borbón desconoció a su padre Carlos IV para quedarse con el trono, cuando toda la familia real española estaba en cautiverio. Napoleón se divertía invitando a cenar a sus prisioneros para escuchar cómo Fernando le pedía que asesinara a sus padres para quedarse con el trono español, mientras que le aseguraba que en él encontraría al más fiel de sus vasallos. Esto, por supuesto, lo hacía delante de sus padres que estaban al otro lado de la mesa y ya no llegaban al postre porque tenían que salir corriendo a vomitar. Esta anécdota nos pinta claramente al personaje que hoy en día nos daría para hacer un episodio típico de *Laura en América*. Fernandito era *tan así*, que cuando Napoleón quería torturar a los reyes de España les mandaba de visita a su hijo donde los tenía encarcelados.

Napoleón, desde luego, no peló a Fernando y puso a su hermano, José Bonaparte, en el trono de España, así que Fernandito se agarró del clavo ardiente de la Constitución de Cádiz para reinar, pues este era el único gobierno que lo reconocía como rey. La Constitución de Cádiz inventó a «Fernando VII», pero pasada la amenaza napoleónica, tras la derrota de Waterloo, Fernando VII traicionó a la Pepa para regresar a la monarquía absolutista que definitivamente era lo suyo. En 1815 abolieron la Constitución de Cádiz y mandaron a encarcelar a todos los que la elaboraron o bien fueron asesinados por el rey que habían encumbrado. Uno de los impulsores de la Carta Magna de Cádiz era Juan de O'Donojú, que desde luego fue enviado a prisión, donde lo torturaron de todas las formas posibles; sus verdugos, por ejemplo, le quitaron todas las uñas de las manos y los pies —siempre he pensado que esta era una solución de la Santa Inquisición para que la gente no se comiera las uñas—; don Juan pasó cinco jodidísimos años en el bote esperando a que el rey por el que luchó lo ayudara dándole sentencia de muerte, pero como Fernando VII en realidad lo odiaba, le permitió vivir. Sin embargo, por esas vueltas de kamasutra que suele tener la política, el levantamiento del coronel Riego, junto con las tropas españolas que habrían de aplacar las revueltas independentistas en América, pone de nuevo en vigor a la Constitución de Cádiz en 1820 y somete al tartufo de Fernando VII, que como si nada vuelve a jurar esa Constitución y suelta su famosa frase: «Marchemos todos, yo el primero, por la vía constitucional»; Juanito de O'Donojú es liberado y rehabilitado como parte de la élite en el poder, y el nuevo gobierno le da el hueso más importante del Imperio, gobernar la joya de la corona: la Nueva España.

Juanito se embarca con su esposa hacia Veracruz y se va con el cargo de *jefe de Gobierno de la Nueva España*, pues con la Constitución de Cádiz ya no hay virreyes, solo jefes de Gobierno, el mismo título que les dimos siglos después a quienes gobernarían la Ciudad de México, cuando desapareció el puesto de regente, pues los capitalinos pensaban que un regente era alguien más gente que los demás. O'Donojú llega a lo que hoy es nuestro país en barco, como el personaje de la canción *El Jibarito* y, mientras está incomunicado en altamar, el comandante de las tropas coloniales se rebela contra el gobierno para acabar con lo que queda de los independentistas. Este oficial rebelde se llama Agustín de Iturbide, un soldado que ha combatido con tal tenacidad y pasión a los insurgentes desde que Miguel Hidalgo se levantó en armas en 1810, que los españoles no dudan en ponerlo al frente de todas las tropas para exterminarlos. Además, Agustín de Iturbide tiene algo en común con Fernando VII: detesta con toda su alma la Constitución de Cádiz, a tal punto que él y su grupo prefieren que la Nueva España se independice de España para que no los gobierne la Pepa.

Sin saber lo que le espera, Juan de O'Donojú desembarca en Veracruz, donde se entera del desmadre que hay: solo la guarnición del puerto y la de la Ciudad de México aún son leales al gobierno de Madrid. Los rebeldes invitan a Juanito a echarse un café para conocerse en Córdoba y plantearle sus demandas, y Juanito accede convencido de que el problema consiste en que no les han pagado a los soldados —o que a estos no les gusta el color de sus uniformes, o que el nuevo gobierno no les quiere homologar sus prestaciones—, y creyendo que él los hará entrar en razón al imponer su autoridad, cuando llega resulta que ya lo espera Iturbide con el acta de Independencia de México para que la firme. O'Donojú queda prisionero de sus anfitriones, y con la lucidez mental para decidir qué es lo correcto mientras te apuntan con una pistola en la cabeza, firma el acta con la que se independiza México de España, un documento en el que además se le ofrece a Fernando VII el trono del Imperio mexicano para que venga a gobernarlo, y así, por fin, se libre de la pinche Constitución de Cádiz. Y en lo que llega Fernandito a México, en este escrito se establece que Juan de O'Donojú queda como regente del Imperio.

Lo que sigue es una obra maestra de lo que puede lograrse combinando la técnica de *la manita de puerco* con *la zanahoria del burro*: Juanito, forzado por Iturbide, como gobernante enviado por Madrid ordena al jefe de la guarnición de la Cuidad de México, leal al gobierno español, que se retire a Veracruz, y contra todo pronóstico lo obedecen; así, las fuerzas independentistas pueden tomar la capital sin tener que luchar y, por fin, se hace la independencia mexicana, el 27 de septiembre de 1821, justo a tiempo para el onomástico de Iturbide, que entró triunfalmente en la ciudad al frente del Ejército Trigarante para celebrar su cumpleaños.

Como podemos ver, Juanito estaba jodido: así como Fernando VII en España era prisionero de los liberales de la Constitución de Cádiz, aunque ellos le dijeran rey, O'Donojú también era prisionero de Iturbide, aunque este le dijera jefe de Gobierno. Además, sabía que Iturbide aborrecía la Constitución de Cádiz, y él era uno de sus principales creadores, ¿podía existir para él un escenario peor? ¡Claro que sí!, del otro lado del mundo el rey de España jamás iba a aceptar la independencia de la Nueva España que él había firmado tras dejarse capturar por sus amables anfitriones; el teniente del rey en Veracruz le había advertido que no fuera a Córdoba a escuchar las demandas de los alzados y había salido de allí entregándoles todo el reino. En España, O'Donojú era considerado un pendejo y un traidor. ¿Podía empeorar la cosa para él? ¡Por supuesto!, cuando te va a cargar la chingada no hay límites para el deterioro. El bando *anti-Pepa*, que había hecho la independencia mexicana, no iba a permitir que gobernara como regente ni un solo segundo un hombre que precisamente representaba a la Constitución de Cádiz, así pues, desde que entró en la Ciudad de México empezó a sufrir atentados.

El último gobernante español había quedado en una posición en la que cualquier movimiento sería jaque mate, y en cuanto dejó de ser el tonto útil para Iturbide, convenientemente enfermó de «pleuresía», y más convenientemente murió el 8 de octubre de 1821, 11 días después de que

Iturbide entró en la Ciudad de México haciendo la independencia mexicana.

Colofox, colofón o como se diga

Fernando VII jamás vino a gobernar el Imperio mexicano. Dos veces lo intentó, eso sí. La primera se cebó porque los liberales españoles en 1821 le tenían una pistola puesta en la cabeza para que respetara la Constitución de Cádiz, y ese gobierno no reconoció la independencia mexicana, pues no le dio valor legal a lo que firmó O'Donojú, y la segunda porque, tras volver a traicionar la Constitución de Cádiz, Fernando VII se hizo rey absoluto nuevamente en 1823, y ese gobierno volvió a desconocer la independencia de México, pues tampoco le daba valor legal a lo que firmó O'Donojú. En esas circunstancias los Tratados de Córdoba eran para el rey todavía menos válidos porque O'Donojú era funcionario de la Constitución de Cádiz que había vuelto a quedar prohibida.

La mujer de Juan José Rafael Teodomiro de O'Donojú y O'Ryan, doña Josefa Sánchez Barriga, murió en 1842 pidiendo limosna en la Ciudad de México, esperando la pensión que le prometió el gobierno de México por las dos semanas en que su marido fue «regente del Imperio y jefe de Gobierno de México». Las crónicas de la época narran su historia con título de telenovela de TvAzteca: «De virreina a pordiosera», el suyo fue el primer caso de una subvención oficial que jamás pagó nuestro gobierno, algo que se volvería una verdadera tradición mexicana.

Agustín de Iturbide

1822-1823

Agustín Cosme Damián de Iturbide y Arámburu, conocido como Agustín de Iturbide, alias «Agustín Primero», nació en lo que hoy es Morelia en 1783 y murió fusilado en Tamaulipas en 1824, poco antes de cumplir los 41 años, un número fatal para los mexicanos de mi generación; así que, en ciertos círculos aún más conservadores que Iturbide mismo, su trágica muerte a esa edad es vista como un alivio para la hombría de este personaje.

Agustín de Iturbide hizo la independencia mexicana, y si pensamos que por sus servicios como «padre de la patria» los mexicanos terminamos fusilándolo, eso habla muy mal de Iturbide... o de nosotros.

Iturbide era lo que podemos llamar el realista perfecto, era sobrino del cura Hidalgo, y cuando este se levantó en armas en 1810 le envió una carta para que se uniera a los insurgentes, a lo que Agustín no solo se negó rotundamente, sino que además, para reiterar la firmeza de su convicción, cada vez que capturaba insurgentes los ejecutaba de inmediato, aunque hubiera órdenes del virrey de someterlos a juicio o incluso de ofrecerles amnistía. Hay cosas que un hombre no puede soportar, y para Iturbide una de esas cosas eran las personas que querían independizar a México de España... Pero si Agustín detestaba tanto el rollo independentista, ¿cómo es que se convirtió en el hombre que logró la independencia nacional? No busquemos la explicación en los asquerosos y chaqueteros cambios de partido que suceden en la política, ni en la codicia personal, ni en las profundas contradicciones de la perturbación mental; la verdad es que solo hay algo en el mundo que puede lograr una transformación tan profunda en un hombre: una mujer, y esa mujer fue la famosa *Güera* Rodríguez, a quien sin lugar a dudas tenemos que darle el crédito de «madre de la patria».

Iturbide no necesitaba cambiar de bando, pues estaba con los que ya habían ganado, ni lo movía la ambición, pues por ser el gran verdugo de los insurgentes ya había sido promovido como comandante en jefe de las Fuerzas Armadas realistas en la Nueva España... pero como dijo Samuel Butler: «Un ladrón te pide la bolsa o la vida, las mujeres te piden que les des ambas cosas», y por *la Güera* Rodríguez Iturbide fue todavía más allá, le dio además un país. Dice el refrán que un par de tetas jalan más que dos carretas, y las de esa mujer maravillosa jalaban más que el cohete Saturno V que llevó al hombre a la Luna.

La Güera pertenecía a una élite social que se oponía con todo su corazón a la Constitución de Cádiz, y el detalle de haberse cogido a todos los de ese grupo político le daba además una jerarquía muy superior a la de cualquiera de sus dirigentes; ella sedujo a Iturbide y lo acercó con el sacerdote Matías de Monteagudo y otros conspiradores monárquicos que se reunían en el templo de La Profesa contra la Constitución de Cádiz, a la que consideraban una perversa herejía. En 1820 este grupo estaba como hormigas a las que les taparon el agujero, ya que un inesperado levantamiento de los liberales en España volvió a poner en vigor la Constitución de Cádiz, abolida en 1814, y una vez más obligó al bribón, digo, al borbón de Fernando VII a obedecer sus leyes gracias al persuasivo argumento de ponerle una pistola en la cabeza. Ante esta amenaza, los conspiradores de La Profesa hacen un plan tan pendejo como letra de reguetón, pero que por lo mismo tuvo gran éxito: «Independizar a México de España para que no entrara aquí la Constitución de Cádiz (que, como ya se dijo ampliamente, les cagaba), y después ofrecerle el trono del nuevo reino independiente a Fernando VII para que viniera a reinar a México», es decir, un cambio radical pero para que todo siguiera igual, algo muy mexicano.

Estos conspiradores ya se veían felices comiendo perdices en el Palacio Real en cuanto todo el relajo terminara, echados a los pies de Fernando VII de España y I de México, mientras el monarca les hacía unas *panchas*, les acariciaba el lomo, y les aventaba un palito para que fueran a recogerlo mientras les decía, como el Peje a los reporteros de la fuente de Presidencia: «Muy bien, se portaron muuuy bien».

Los conspiradores monárquicos buscaban apartarle a su rey un lugarcito en este continente para que pudiera gobernar despóticamente como está mandado que hagan los reyes por el derecho divino —el izquierdo lo tienen igual que el derecho, no sé por qué opinan que solo el derecho es *divino*—.

Este plan tenía dos problemas: NO contaba con la aprobación de Fernando VII, y además, ni siquiera se lo habían propuesto antes para preguntarle si le gustaba, entre otras cosas porque Fernando VII era, en la práctica, prisionero de los liberales de la Constitución de Cádiz, y contarle eso delante de estas personas debía de ser muy incómodo. Como sea, a estos cuates su plan les hacía repapalotear el sisirisco y decidieron echarlo a andar: gracias a la Güera Rodríguez convencen al comandante en jefe de las fuerzas realistas para que apunte sus cañones hacia el otro lado, y que en lugar de aniquilar a los últimos insurgentes escondidos en la sierra tome el poder de la Nueva España para hacerla independiente. Y contra todo pronóstico, les salió muy bien.

Lo que los insurgentes no lograron hacer en 11 años de sangrienta guerra civil, Iturbide lo consigue en unos meses y prácticamente sin agarrarse a trancazos con nadie, y hasta se dio un abrazo con su archienemigo Vicente Guerrero en Acatempan, esos sí fueron «abrazos, no balazos», pero como dice la maldición: *Ten cuidado con lo que deseas, que se te puede hacer realidad.* Una vez lograda la independencia, los conspiradores le ofrecen muy orondos el trono del Imperio mexicano a Fernando VII y este los manda a la chingada, básicamente por dos razones: la primera es que los liberales de la Constitución de Cádiz lo tienen agarrado de las gónadas y no lo dejan ir ni al Oxxo por unas papitas, así que de irse a gobernar otro imperio para renegar de la Constitución de Cádiz ya ni hablamos, y la segunda, porque en el fondo de su absolutista corazón Fernando VII no entiende por qué, si es dueño de TODO, debe quedarse con una parte, aunque sea la mejor y le permita hacer todas las cochinadas que le dé la gana —el mismo falso dilema que tienen los solteros cuando van a casarse—. Así que el rey manda a los conspiradores al carajo y los deja con la tremenda bronca de quién va a gobernarlos ahora... De un día para otro aquello se volvió asamblea de Morena para sacar candidato. Se apuntó para gobernar hasta la losa que dicen que cargó el Pípila cuando tomaron la Alhóndiga de Granaditas, y desde luego todos se picaban los ojos, se metían el pie y sembraban rumores de que los demás eran maricones, es decir, lo normal. Aquello era como la carrera de espermatozoides para fecundar al óvulo, solo que en lugar de impulsarse moviendo la colita lo hacían calumniando a los otros.

Todos están esperando hacerse con el poder del Imperio mexicano, pero Iturbide se les adelanta y ordena a un sargento que lleve a su casa, a deshoras de la noche, a sus soldados para que griten: ¡Viva Iturbide I!, él se asoma por el balcón de la casa y dice: «¡Chin! Tendré que sacrificarme por la patria». Es el primer madruguete de la historia de México.

El 21 de julio de 1822, 10 meses después de que se logró la independencia, Iturbide se corona primer emperador del Imperio mexicano en la Catedral Metropolitana, donde, por cierto, aún se encuentran su trono y su cuerpo. Aquel Imperio mexicano duró menos que el tiempo de espera para que Fernando VII aceptara venir a gobernarnos: para febrero de 1823 el Plan de Casa Mata derrumba al imperio, que solo existió por siete meses.

La verdad es que la Independencia de México fue un terrible malentendido, y un gran fiasco para los monárquicos adoradores de Fernando VII; si se hubieran esperado unos años, sus sueños se habrían hecho realidad sin tener que hacer nada, ya que, también en 1823, Fernando VII promovió una nueva invasión de franceses a España, la cual acabó con las fuerzas liberales y se prohibió de nuevo la Constitución de Cádiz, restaurando la monarquía absolutista. Moraleja: nadie sabe para quién conspira.

Iturbide se pelea con el Congreso, lo corren del país con un cuartelazo y se declara la república, y el Imperio mexicano da paso a un nuevo país que se llamará Estados Unidos Mexicanos, ¿adivinen en quién nos inspiramos?

La verdad yo no creo en el karma, pero a la historia de Iturbide eso le queda bordado. Mientras está exiliado en Europa se entera de un intento de reconquista de México por parte de los españoles y decide regresar en 1824 «listo a presentarse para ofrendar su vida luchando por la patria», así lo dijo; ya ven, Iturbide se ponía igual que cualquier seguidor de la selección nacional con dos tequilas antes de ver el partido por la tele. Mientras Iturbide navega rumbo a México, el Congreso lo declara enemigo público del país y del Estado, y lo sentencia a pena de muerte si llega a pisar suelo mexicano; sí, el mismo suelo mexicano que él creó —y esa era una amenaza mayor para él, pues en esos tiempos México medía el doble de lo que mide ahora—. Sin saber esto, Agustín llega a México, muy sácale punta, diciendo que viene a resolverlo todo —igualito que como llegó Juan de O'Donojú—, y en cuanto baja del barco lo arrestan y lo empinan. Iturbide muere fusilado el 19 de julio de 1824.

Agustín de Iturbide cometió muchas pendejadas en su vida, pero sin duda la más grave de todas fue haber hecho la Independencia de México: era algo contra lo que luchó durante años como militar, y al final, irónicamente, él fue quien la consiguió, y justo por eso lo matamos, así nos llevamos los mexicanos.

A pesar de todo, la tragicomedia de equivocaciones que fue la independencia nacional tiene algo maravilloso que la pone muy por encima de todas las independencias del mundo: fue una historia de amor, que demuestra una vez más que un mexicano es capaz de hacer cualquier cosa con tal de cogerse a una mujer, hasta la fecha.

Guadalupe Victoria

1824-1829

«En tierra de ciegos, el tuerto es rey». José Miguel Ramón Adaucto Fernández y Félix, mejor conocido como Guadalupe Victoria, porque la verdad hasta para su mamá era mucho más fácil recordar *Lupe Vicky* que José Miguel Ramón Adaucto Fernández y Félix. Este buen hombre se puso Guadalupe por la virgen morena, que fue la bandera de los insurgentes y es símbolo de la mexicanidad hasta ahora, y Victoria por conseguir la independencia, aunque las malas lenguas de su tiempo opinaron que lo hizo solo porque también era un nombre femenino. Él fue el primer presidente de México y debido al nombre que se puso existe la confusión histórica de que fue la primera mujer en llegar a la presidencia de una república.

Don Lupe Vicky nació el 29 de septiembre de 1786 en Nueva Vizcaya, lo que hoy es Durango, quedó huérfano cuando era niño y al cuidado de su tío, quien lo mandó al seminario quizá con la esperanza de que se convirtiera en el padre que no tenía. Allí solo triunfó como editor de libros piratas, pues haciendo copias a mano de textos impresos se pagaba sus estudios; fue así que a muy temprana edad se dio cuenta de que se podía vivir de lo que uno escribe, pero que provocaba una tendinitis insoportable al quinto ejemplar. En 1807 se va a la capital y estudia en San Ildefonso Derecho Canónico y Derecho Civil, graduándose como bachiller en leyes en 1811, época en la que comenzó su antipatía por el ejército colonial. Resulta que tras la expulsión de los jesuitas en 1767, parte del colegio de San Ildefonso fue convertida en cuartel del regimiento de Flandes, y después de la invasión de Francia a España, en 1808, la parte de cuartel de la escuela aumentó, pues entonces, como ahora, sabía el gobierno que es entre los estudiantes donde puede estallar una bronca política. Para no tener que meter a los soldados a la escuela, mejor que desde niños ya estén allí; la verdad, los virreyes prácticos sí eran.

Al año siguiente de haber salido de la escuela, el todavía José Miguel Ramón Adaucto se une a los insurgentes, por lo que suponemos que era mucho su fervor patrio, y que en realidad dedicarse a eso era más fácil que encontrar chamba como abogado. Se une a las fuerzas de José María Morelos y descubre que es bueno para los trancazos y, más o menos, para la política; por sus méritos en campaña llega a ser nombrado general brigadier y diputado por Durango en el Congreso de Chilpancingo en 1813, y también fue nombrado gobernante de la región que controlaban sus tropas en lo que hoy es Guerrero; los insurgentes no tenían problema con que un político estuviera al mismo tiempo en varias nóminas. Como les pagaban muy de vez en cuando, por lo menos así aseguraban que de algún lado les llegara la quincena.

Durante la toma de Oaxaca en 1812 las tropas de Lupe Vicky quedaron acorraladas por los soldados coloniales, y como nuestro héroe patrio vio que nadie quería lanzarse a tomar la posición enemiga, desde el lugar donde se había parapetado lanzó su espada hacia delante y dijo: «¡Chingue su madre el que no avance!», por supuesto tal arenga no podía imprimirse en los libros de texto, así que la frase célebre por la que se le recuerda en ese momento es: «Va mi espada en prenda, voy por ella».

La toma de la ciudad oaxaqueña fue el momento culminante de la campaña de Morelos, del movimiento insurgente y, por supuesto, también de nuestro personaje en sus tiempos de soldado de la independencia, al punto de que lo nombraron comandante en jefe de las fuerzas insurgentes en Veracruz; pero tras la derrota de Morelos en 1815 todo se va al carajo, el movimiento colapsa, y los diputados del

Congreso de Chilpancingo resultan peores enemigos para la independencia que el propio ejército colonial. Guadalupe Victoria es derrotado en Nautla y se esconde en la selva veracruzana, donde sobrevive comiendo sabandijas y bebiendo agua de lluvia, y hablando con un coco al que le pinta ojos y boca y al que llama «güey» —siempre he pensado que el balón que llamaron «Wilson» en *Náufrago* está inspirado en esta parte de la vida de Guadalupe Victoria—. A partir de aquí nuestro héroe se convierte en una leyenda, pues cuando aparece en alguno de los pueblos de Veracruz suele ser confundido con una tuza gigante, solo descubren que no es un animal cuando habla, pero como lo que pregunta es si ya se rindieron los españoles y si México es independiente, los pobladores vuelven a pensar que sí es un animal y lo atacan.

En 1815 a la causa insurgente le pasó como al champú cuando le echan agua para que rinda más, ya nunca jamás vuelve a ser igual; se volvió una prolongación degradante por no poder aceptar que ya había acabado. A partir de esa fecha todos los insurgentes son asesinados, apresados o, con un poco de buena o mala suerte, obtienen el indulto que les ofrecen los virreyes y rehacen sus vidas en el orden colonial, recordando sus tiempos en la guerra de Independencia como ahora Mauricio Clark se acuerda de los tiempos en que iba a las marchas del orgullo gay.

Vicente Guerrero continuaba importunando simbólicamente al gobierno español con una diminuta guerrilla, mientras en la selva veracruzana Guadalupe Victoria asustaba de vez en cuando a los soldados realistas con su lamentable aspecto, mezcla entre chimpancé y yonqui. Para 1821, solo ellos dos seguían sin rendirse, negándose terminantemente a aceptar cualquier arreglo con el gobierno virreinal; pero de ambos, es Guadalupe Victoria el caso de terquedad más extremo, pues había días que sobrevivía lamiendo el cieno de las rocas, imitando a los venados que observaba, y los realistas nomás no se animaban a capturarlo por la cantidad de piojos que tenía, pero continuaba en pie de lucha gritando que ahí donde su pie desnudo y calloso pisara, ese territorio era independiente. Esa firmeza en sus convicciones, que rayaba en obcecada necedad, es en mi opinión el rasgo más femenino de su personalidad, y lo que según yo lo llevó a hacerse llamar Guadalupe Victoria.

En 1821 Guadalupe Victoria deja de nuevo su guarida en la selva para preguntar si los del ejército colonial ya se rindieron, y para su sorpresa le dicen que sí. Le anuncian que su antiguo archienemigo, Iturbide, cambió de opinión y de bando e hizo la independencia nacional; Lupe hace lo propio y se va corriendo a alcanzarlo para entrar con él al frente del Ejército Trigarante en el desfile triunfal de la toma de la Ciudad de México el 27 de septiembre, dos días antes del cumpleaños número 35 de don Lupe. Como siempre pasa en la política, los enemigos irreconciliables se vuelven compadres, *y aquí no pasó nada*.

Las privaciones de los años de prófugo en la selva dejaron a nuestro héroe un poco *tocado*, tenía la costumbre de rascarse la cabeza en busca de comida y por la mañana hablar mal de todos los demás, pero ahora no hablaba con un coco peludo, todos podían escucharlo y enterarse de lo desagradable que podía ser. Con todo y esos hábitos, lo que realmente lo volvió un impresentable entre las élites políticas del primer Imperio fue que no tenía ni dinero, ni ejército, pero como ya dijimos, era un hombre más que terco y tenía un plan, y con eso le bastó.

Mientras tanto, en la frontera sur del país el colapso del ejército colonial gracias a la traición de Iturbide permite que el 15 de septiembre de 1821 se firme en Guatemala el Acta de Independencia de Centroamérica; sí, ¡12 días antes que la independencia de México! Las fuerzas del modesto Iturbide esperan para tomar la capital de la Nueva España el día 27 para que coincida con su cumpleaños. Este madrugue-te inesperado dejaba en suspenso el destino de ese territorio que era de la Nueva España —contenía lo que hoy es Guatemala, Honduras, El Salvador, Nicaragua, Costa Rica y Chiapas—, nadie sabía si seguiría siendo libre o se integraría a un nuevo Imperio mexicano que difícilmente podía recibirlos sin gobernante, así que Guadalupe Victoria se presentó ante Iturbide —quien tras la oportuna muerte de O'Donojú había quedado como regente del Imperio, en lo que llegaba Fernando VII— y le explicó su estrategia infalible para recuperar Centroamérica. Debían nombrar emperador a un hombre soltero que hubiera luchado por la independencia para que pudiera este noble caballero casarse con una indígena guatemalteca y de esa manera los dos reinos quedarían unidos por el amor, como había pasado con Castilla y Aragón cuando se dio la feliz boda de los Reyes Católicos. Curiosamente el único soltero de todas las figuras de la Independencia era él, así que Iturbide escuchó atentamente su plan y le dijo: «Déjanos tu teléfono, nosotros te hablamos», y temiendo que el terco de Lupe Vicky volviera con otro de sus «proyectos» para recuperar los territorios emancipados de la América central, Iturbide se proclamó emperador el 21 de junio 1822 y recuperó con amenazas de guerra esas tierras, anexándolas al Imperio mexicano; nada más por nueve meses, sí, pero las recuperó.

Iturbide, ahora primer emperador de México, seguía detestando a los insurgentes, así que cuando se instaló el primer Congreso Constituyente ninguno de los antiguos independentistas fue invitado a participar, gran error. Como dice el dicho: «En política a los amigos cerca y a los enemigos, todavía más cerca». Estos políticos sueltos se pusieron a ver qué grilla organizaban, sus reuniones fueron denunciadas como conspiración y a todos se les arrestó. Todos los detenidos fueron liberados poco tiempo después, excepto Guadalupe Victoria, lo que nos da una idea de cuál de todos los antiguos insurgentes era el que más le cagaba a Iturbide. Don Lupe Vicky se escapa del bote y se va a ocultar, una vez más, a la selva de Veracruz, donde lo espera su fiel coco.

Política al fin, al mismo tiempo el nuevo Congreso Constituyente y el emperador Iturbide entran en broncas, así que este lo manda clausurar el 31 de octubre de 1822 —solo cuatro meses les duró el gusto de conocerse— y lo sustituye por una «Junta Instituyente», que quiere decir: «solo entran los que me aplauden». Los desempleados por el Congreso se unen a militares también descontentos con Iturbide y en esa confusión de manotazos por el poder sale el Plan de Casa Mata, que derroca a Iturbide gracias a la traición de los generales imperiales que había mandado el emperador para aplastar a los insurrectos. Como decía al inicio de este capítulo, la vida de Iturbide fue puro karma: traicionó al gobierno colonial usando los ejércitos que le dieron para acabar con los insurgentes, y le pagaron con la misma moneda. Iturbide sale del país por patas con todo y familia en 1823, el Congreso Constituyente es restaurado y toma el poder con un triunvirato compuesto por Pedro Celestino Negrete, Nicolás Bravo y Guadalupe Victoria. El Congreso desconoce al Imperio de Iturbide, lo considera un error histórico, y como aquella canción que dice: «Y si no me acuerdo no pasó», salen con la jalada de que el Imperio jamás ocurrió, pero al hacerlo se muerden la cola, ya que si Iturbide no fue emperador del primer Imperio mexicano y el emperador fue quien creó el Congreso, ese Congreso tampoco es válido y todo lo que allí se decide carece de legitimidad. Esto anterior, que en el fondo es una pendejada, se convertiría en el futuro pretexto para justificar las guerras civiles y cuartelazos que organizaron los políticos para quedarse con el poder durante los primeros años del México independiente.

En 1824 se declara oficial y legalmente la república, el legítimo Congreso convoca a elecciones y la mayoría de los diputados vota por Guadalupe Victoria como presidente, que tiene el récord Guinness de ser el único presidente mexicano que logró terminar su periodo en los siguientes 35 años. Durante su gobierno se ratifican las fronteras con los países de Centroamérica, es decir, no solo no recupera ese territorio sino que además reconoce formalmente su separación de México —de casarse con una mujer indígena de Guatemala ya ni hablamos—, esta es la primera de muchas separaciones que iban a suceder. También se logra tomar el último punto dominado por los españoles: el fuerte de San Juan de Ulúa, en el puerto Veracruz, en 1825; la fortaleza del puerto jarocho había estado bajo asedio desde 1821, y los continuos refuerzos y envíos de víveres y municiones de los españoles desde La Habana habían hecho que fuera imposible para los independentistas tomarla, pero afortunadamente los mexicanos contábamos con un gran aliado: ¡España! En 1824 una nueva guerra civil sacude a la metrópoli para restaurar el absolutismo de Fernando VII y acabar con la Constitución de Cádiz, y en el desmadre de la nueva revuelta los españoles dejan de mandar los repuestos que necesita San Juan de Ulúa para mantenerse, los mexicanos nos damos cuenta de esto e intensificamos el cerco; el escorbuto, las fiebres y el hambre van acabando poco a poco con la guarnición española y para noviembre de 1825 los que quedan capitulan y se van. El gobernador de la fortaleza, el coronel Coppinger, la entrega temblando por la fiebre y escupiendo sangre por el escorbuto, también va descalzo, pues sus zapatos se habían podrido. En Cuba fue llevado a juicio por rendir la plaza, pero nomás de ver cómo quedó, los militares españoles que debían juzgarlo convinieron que no era culpable, pues no había más que hacer.

Guadalupe Victoria fue presidente y gobernador de un estado al mismo tiempo, algo que parecería imposible; sin embargo, hoy el Peje es presidente y quiere ser al mismo tiempo gobernador de los 32 estados, presidente del Congreso y de la Suprema Corte de Justicia… y pues bueno, viendo esto, lo que hizo Guadalupe Victoria era algo sencillo.

También fue el primer presidente de México chamaqueado por Estados Unidos, el embajador Poinsett lo convenció de que era buena idea expulsar a todos los españoles del país, y que debía abrir la migración a estadounidenses para poblar Texas. Resultado: los españoles se llevaron su lana y dejaron al país en la ruina, los gringos se metieron a Texas y nos lo quitaron.

Con Guadalupe Victoria se inauguró la bonita tradición mexicana de: «El que sea tu vicepresidente será tu asesino», pues Nicolás Bravo, su vicepresidente, intentó dar un golpe de Estado que fracasó. Todo quieto durante dos décadas hasta que la Constitución de 1857 establece que si el presidente «ya no puede gobernar», debe sustituirlo el presidente de la Suprema Corte de Justicia y ya no el vicepresidente; a partir de ese importante cambio en la ley, el encargado de la Suprema Corte sería el asesino del presidente.

Con Guadalupe Victoria se inauguró también la maldición nacional de la tragedia que deja marcada a cada generación: las elecciones. Para 1828 se organizan las primeras y compiten Manuel Gómez Pedraza contra Vicente Guerrero, gana Gómez Pedraza y Vicente Guerrero dice: «¡Fraude!, voto por voto, casilla por casilla», y organiza una revuelta conocida como el Motín de la Acordada. El primer presidente electo por votación huye de México para salvar la vida, así que el Congreso anula las elecciones y nombra presidente, ¿a quién creen? ¡Sí, a Vicente Guerrero! El 1º de enero de 1829 Guadalupe Victoria le entrega el poder de manera inconstitucional; así, como lo más normal del mundo, sin protestar, ni siquiera preguntar ¿y dónde está el que ganó las elecciones?, ahí, a la primera se acabó la democracia mexicana y pasamos al régimen de: «Si no gano yo es fraude», que, como se verá en el resto de nuestra historia, solo puede derivar en madrazos.

Guadalupe Victoria se retiró a su hacienda Jobo en Tlapacoyan, Veracruz, donde construyó una capilla católica decorada con símbolos masónicos de su logia, y por lo mismo, fue inhabilitada para que se oficiaran misas en ella. Siguió haciendo chambitas para el gobierno y fue diputado por Veracruz y Durango, algo que deberíamos volver a hacer para ahorrar una lana en el Poder Legislativo. En 1836 estalla la independencia de Texas hecha por los gringos que él dejó entrar a colonizar en 1825, pero don Lupe se evita problemas y les echa la culpa a los gobiernos anteriores. Don Lupe, el incansable terco de Durango, finalmente se retira.

En 1841, a la edad de 55 años, por fin se casa y muere dos años después en 1843, en Perote, Veracruz.

Los presidentes de la generación de Guadalupe Victoria lo hicieron tan mal, que él destacó como un buen gobernante, así de jodida estaba la cosa, y por eso cuando murió, en 1843, pusieron su nombre con letras de oro en las paredes del Congreso. En tierra de ciegos, el tuerto es rey.

Vicente Guerrero

Abril-diciembre de 1829

El primer imperio de Iturbide duró nueve meses, y la presidencia de Guerrero ocho meses, esto nos da una idea de que el gobierno de México ya desde entonces intentaba hacer más con menos, y la verdad eso sí lo logró nuestro segundo presidente oficial, por lo menos en la cantidad de desastres y pendejadas que dejó.

Vicente Ramón Guerrero Saldaña nació en 1789 en Tixtla, en el centro de lo que hoy es el estado de Guerrero, el hecho de que solo tuviera dos nombres y no cuatro o cinco como todos los otros niños de su época nos indica que sus padres sí tuvieron muchos hijos.

Como en el caso de Miguel Hidalgo, no se sabe realmente cómo era Vicente Guerrero, todos los retratos que se hicieron de este personaje se realizaron muchos años después de su muerte, y fueron mandados a hacer por políticos que querían hacer su grilla con estos cuadros, así que las imágenes con las que le conocemos están más truqueadas y filtradas que fotos de perfil en Tinder.

Vicente no tuvo ninguna educación formal, pues para sobrevivir en Tixtla y triunfar en la vida solo se necesitaba ser bueno para los madrazos y saber orientarse entre los cerros para huir, lo mismo que ahora. Nuestro héroe aprendió a ser arriero —el Uber del siglo XIX— y también aprendió de su familia el oficio de armero; su padre fabricaba armas y era proveedor del ejército español, esta situación hizo que su papá fuera partidario de la colonia española y no de la independencia, algo así como lo que pasa con los que le van al América porque trabajan en Televisa o los que se vuelven travestis porque así pueden entrar gratis a las discotecas, he conocido varios casos.

En 1812 Vicente Guerrero se une a las fuerzas insurgentes de Morelos en el batallón de Hermenegildo Galeana;

su capacidad para encontrar caminos por ser arriero, su conocimiento en la fabricación de armas y su habilidad para asaltar caminos lo hicieron destacar en el ejército insurgente hasta llegar pronto al grado de coronel.

Vicente era un hombre que no escuchaba a nadie, ni para bien ni para mal, y los aciertos y errores de su vida estarían marcados por este rasgo de su personalidad. Digamos que era como el Peje, nada más que él sí reconocía que no lo sabía todo.

A partir de 1815, después de las grandes derrotas de los insurgentes, Vicente fue invitado varias veces por el virrey Juan Ruiz de Apodaca a acogerse al indulto pero se negó siempre. Como nunca escuchaba, es probable que hubiera rechazado la oferta porque entendió que lo invitaban *a cogerse al indito* y no *a acogerse al indulto*. El combo que le ofrecía el virrey para que dejara las armas iba aumentando en cada nueva oferta que le hacían, y el lote acumulado llegó a: grado de general en el ejército colonial, dinero para iniciar una nueva vida, el perdón para todos sus hombres, la posibilidad de enrolarlos en la unidad militar realista de la que él estaría al mando y, como en el Melate, más lo que se acumule esta semana, pero Guerrero rechazó sistemáticamente estos ofrecimientos. Cansado de sus desdenes, el virrey le mandó a su propio padre, Pedro Guerrero, para hacerle un último ofrecimiento; como ya dijimos, papá Guerrero era partidario del gobierno español, se arrodilló ante su hijo y llorando le pidió que dejara esa vida y le entrara a la amnistía con el hueso que le ofrecía el gobierno; por supuesto, Vicente Guerrero lo rechazó. Los que tenemos hijos aprendemos que comunicarnos con ellos después de que cumplen 15 años es, en 90%, como hablar con la pared; basta con que su papá les pida algo para que precisamente por eso no lo hagan, yo he comprobado esto muchísimas veces al pedirles a mis hijos que arreglen su cuarto. Sin embargo, esta negativa de Vicente Guerrero a lo que le pedía su padre ha figurado siempre como algo excepcional, a tal punto que merece subrayarse en los libros de texto, ya que luego de escuchar la petición, Vicente le dijo que el virrey de Apodaca podía meterse su amnistía por el culo, pero como eso no quedaba bien para la posteridad, la frase por la que recordamos a Vicentillo por este hecho es: «La patria es primero».

Años después, en 1821, Agustín de Iturbide, el nuevo comandante del ejército colonial enviado para exterminarlo, le avisa que ya cambió de bando y que quiere verlo para que lo ayude a hacer la independencia. Se citan en Acatempan e Iturbide le explica su plan, pero no logra que Guerrero lo pele; las referencias de lo que pasó en esa histórica reunión hablan de que Vicente le repetía a Iturbide constantemente que él no estaba de acuerdo con que Fernando VII viniera a gobernar Nueva España, y le reiteró varias veces que si a él y a sus hombres no les parecía, estaban siempre en libertad de irse por su lado para resolver las diferencias en el campo de batalla. Así que Iturbide opta por pactar algo básico para poder operar y le dice: «Mira, Vicente, hagamos una tregua». Guerrero lo miró con una expresión desconcertada y le dijo: «No sé cocinar», así que Iturbide le explicó en el lenguaje llano y práctico de los hombres de negocios: «Si tú no atacar a mí, yo no atacar a ti». No sabemos si Guerrero lo aceptó o por lo menos lo entendió, pero se quedó callado, y como dice el dicho, el que calla, otorga. Iturbide aprovechó el silencio y cerró el trato, y con esa promesa básica se logra por fin el pacto entre lo que queda de los insurgentes y el ejército realista que iba a traicionar al gobierno español para hacer la independencia.

Ambos personajes se dieron un abrazo en ese lugar luego de llegar a este famoso acuerdo, pero yo digo que en realidad Iturbide trató de estrangularlo porque no lograba ponerse de acuerdo con él y después intentó disimular esto diciendo que era un abrazo.

Durante el primer Imperio, Guerrero es general del Ejército Imperial Mexicano, y caballero de la Orden de Guadalupe, la única orden de caballeros mexicana, que por cierto hoy solo es reconocida por el Vaticano, y es que, como decía mi abuelita cuando nadie le cedía el asiento: «Ya no hay caballeros».

Mientras esto pasa, Iturbide manda a Santa Anna a tomar el último bastión español en México, la poderosa fortaleza de San Juan de Ulúa en el puerto de Veracruz; en esa época conquistar San Juan de Ulúa era la obsesión nacional, pues se consideraba que la independencia solo estaría completa y garantizada si se les quitaba a los españoles la puerta de entrada a México. A Iturbide le cagaba Antonio López de Santa Anna, para él era un personaje lambiscón y antipático que hacía todo tipo de intentos por trepar en puestos del nuevo gobierno a como diera lugar, incluso a costa de su propia dignidad… digamos, lo normal en cualquier político mexicano. Para escalar en el nuevo gobierno, el joven Antonio López de Santa Anna se puso a cortejar a la hermana mayor de Iturbide, una ruca bastante fea y prepotente gracias a la cual podía pertenecer a la casa real mexicana. Viendo con terror que López iba a convertirse en su cuñado, Iturbide decide quitárselo a su hermana y lo manda a Veracruz con la misión de tomar San Juan de Ulúa, con la esperanza de que los españoles lo mataran o se muriera de paludismo. Conquistar San Juan de Ulúa era un encargo de gran honor, pero también una misión suicida, pues la fortaleza era inexpugnable, mientras los españoles estuvieran avituallando desde Cuba no había nada que hacer; el emperador mexicano lo sabía, así que esperó unos meses para pedirle resultados a Santa Anna, y cuando este le informa que no ha logrado nada finge encabronarse y lo destituye de manera humillante, con esto tiene ya un pretexto para ponerlo oficialmente como un patético perdedor y sacarlo de la Corte. Hasta aquí, todo bien con los planes del emperador, pero la pinche política es un circo de diez pistas simultáneas, y en los meses en que Santa Anna está sitiando San Juan de Ulúa, Iturbide se pelea con el Congreso y lo clausura, los diputados huyen y junto con ellos se va Guerrero a Guerrero en plan guerrero… así las cosas. Santa Anna recibe la orden de abandonar la plaza de Veracruz por incompetente y ve con claridad que este es el movimiento para sacarlo de la jugada, y entonces hace lo que llaman un escape hacia adelante: decide mejor levantarse en armas con la tropa que aún comanda alegando que quiere reponer al Congreso y hacer una república, algo que, como reconocería años más tarde, no sabía ni qué significaba; digamos, lo normal en cualquier político mexicano.

Gracias a las inesperadas traiciones de los oficiales que manda el emperador para acabar con el que se convertiría en su cuñado, el imperio de Iturbide es derrotado; se instaura la república y Vicente Guerrero queda como dirigente del nuevo Congreso restaurado, y en ese puesto el pobre se siente como pez fuera del agua o espermatozoide en condón con nonoxinol-9, no sabe qué hacer ni tiene sentido que lo haga. Sus fracasos en el mundo parlamentario son continuos y desastrosos, y aunque se rodea de asesores y de verdad hace heroicos esfuerzos por capacitarse, su asunto es como tratar de enseñarle a una maceta de malvones a subir las escaleras, afortunadamente se presenta pronto una oportunidad para que él demuestre su verdadero talento: los madrazos. El levantamiento del vicepresidente Nicolás Bravo en 1827 contra Guadalupe Victoria le da el chanche de lucirse, pues es mandado a enfrentar a Bravo y lo derrota rápidamente. Guerrero queda como el héroe de la película y empiezan a grillar su candidatura para las próximas elecciones con dos personajes impresentables, el yucateco Lorenzo de Zavala, que terminó siendo vicepresidente de la República de Texas, y el embajador de Estados Unidos en México, Joel Robert Poinsett, el mismo que convenció a Guadalupe Victoria de dejar entrar a los colonos gringos a Texas y expulsar a los españoles del país; este hombre desde que llegó a México en 1822 hasta que se fue, en 1830, estuvo implicado en todas nuestras guerras civiles. La historia de México casi siempre ha sido escrita por los mexicanos, pero muchos de sus capítulos nos los han dictado desde Estados Unidos, sobre todo los decisivos.

En las elecciones de 1829 Vicente Guerrero va contra Manuel Gómez Pedraza y Anastasio Bustamante, Guerrero queda en segundo lugar y Bustamante en tercero. Las elecciones son como las guerras, no hay premio para los que quedan en segundo lugar, mucho menos para los que quedan en tercero, afortunadamente Guerrero contaba con una ventaja que lo ponía muy por encima de todos los demás participantes: no estaba dispuesto a reconocer los resultados electorales, y así se inicia la bonita tradición mexicana de mandar al carajo las elecciones e intentar dar golpes de Estado para tomar el poder, un hábito que conservamos hasta la fecha.

Guerrero dice lo clásico: que la elección fue fraudulenta, inequitativa, amañada y la hace de tos con apoyo del embajador de Estados Unidos; el desmadre culmina en el Motín de La Acordada, un traumático saqueo de los comercios de la capital que hizo que Gómez Pedraza saliera huyendo del país. Sin presidente electo, el Congreso decide darle la presidencia al segundo lugar, Vicente Guerrero, y la vicepresidencia a Anastasio Bustamante, que había quedado en tercero. El Congreso declara durante una asamblea que la elección de Gómez Pedraza fue un «acto intrascendente» y por eso no tenía validez, así, de huevos; por supuesto, fue el mismo Congreso que declaró que el imperio de Iturbide nunca pasó, los legisladores se creían los editores de la historia, y como chamanes de la República pensaban que al usar las palabras mágicas «iniciativa aprobada» podían cambiar el pasado.

Recordemos el dicho: «Ten cuidado con lo que pidas porque se te puede conceder». Guerrero se había quedado con la presidencia y esto se convirtió en un verdadero dolor de gónadas para él, padeció tanto su nueva situación que cuando lo empezaban a abrumar las juntas de gabinete decía que iba al baño y tomaba su caballo para escapar lo más lejos posible, hasta encontrar un lugar solitario para fundirse con la naturaleza —afortunadamente en aquellos días la Ciudad de México era muy chica, hoy habría tenido que manejar nueve horas para lograr algo así desde Palacio Nacional—, así que Guerrero se convirtió en un presidente que abandonaba el gobierno a la primera señal de que estaba estresado, por lo cual sus periodos de gobierno solo duraban unos 15 minutos todos los días.

Como muchos gobernantes mexicanos de su época, Guerrero abolió la esclavitud. Ya Iturbide y Guadalupe Victoria lo habían hecho antes que él, pues en esa época estaba de moda, así como ahora no puede haber presidente mexicano que no vaya a inaugurar la obra del tren transístmico que hizo Porfirio Díaz en el siglo XIX; hasta el Peje, ya en el siglo XXI, lo sigue inaugurando.

Otra gran pendejada que hizo Guerrero fue «la ley para perdonar a los desterrados por sus antiguos servicios a la nación»; así fue como pudo regresar a México Nicolás Bravo, el primero que quiso dar un golpe de Estado y no le salió. Apenas volvió se puso a conspirar para para matar a Guerrero después de que este huyó a causa del Plan de Jalapa. Bravo fue quien puso en contacto al secretario de Guerra, José Antonio Facio, con el capitán del bergantín *Colombo*, quien organizó una emboscada para apresar a Guerrero. Por supuesto, le habían advertido que no le permitiera a Nicolás Bravo volver, pero, bueno... ya sabemos que Guerrero jamás escuchaba.

Quizá la más chula de sus pendejadas como presidente fue cuando implementó la ley de expulsión de los españoles que dejó lista Guadalupe Victoria. A ver, casi todos los mexicanos tenemos algo de español, y en aquella época todavía más, por lo que la limpieza étnica mediante el destierro a los españoles no solo era un gran problema económico, sino una verdadera tragedia social, ya que por esta ley muchas familias perderían a sus padres, hermanos, esposos o abuelos, así que Guerrero inventó unos salvoconductos de «español bueno» para que los recomendados o familiares de los cuates pudieran quedarse en el país, y esto, como era de esperarse, generó una corrupción espantosa y la aparición de salvoconductos piratas que generaron una incertidumbre aún mayor al gran desmadre que había generado la propia ley —creada realmente por el embajador de Estados Unidos, Joel Robert Poinsett—.

La idea que le vendió Poinsett a Guadalupe Victoria fue que como ya se había intentado una reconquista española, lo mejor era que todos los españoles en México fueran expulsados para garantizar la independencia y poner un ejemplo en América. Lo irónico es que los gringos sufrieron los intentos de varias reconquistas inglesas, incluso en 1814 los ingleses tomaron Washington, la capital de Estados Unidos, y le prendieron fuego a la Casa Blanca y al Capitolio, pero a ellos jamás se les ocurrió expulsar a los británicos de su país. Los gringos, raras veces despistados, sabían perfectamente lo que iba a pasar: un desmadre incontrolable; por eso nos echaron a andar para que lo hiciéramos nosotros en México.

El caos y la bancarrota del gobierno, como siempre, se agravaron por el desgobierno incompetente, pero esta vez sucedió más rápido, debido a que los bonos del Estado mexicano estaban en un banco inglés que quebró. El secretario de Hacienda, Lorenzo de Zavala, intenta cobrar más impuestos para que el gobierno pueda enfrentar la catástrofe y se enemista con los gobiernos de varios estados que no quieren pagar, la presión obliga a Guerrero a sacarlo del puesto y Zavala se retacha a la península de Yucatán, ¿y qué creen que hace una vez que se ve sin chamba? Adivinaron: ¡un levantamiento contra el gobierno! Organizar una revolución siempre ha sido el seguro de desempleo de los políticos, Zavala intenta hacerse de México o, en su defecto, crear su propio país en Yucatán; Guerrero sale a combatir a su exministro de Hacienda y en cuanto pone un pie fuera del Palacio Nacional, Ignacio Bustamante, su vicepresidente, se acuerda de la putada que le hicieron a Gómez Pedraza al quitarle la presidencia y se rebela contra su jefe con el Plan de Jalapa. Ya dijimos que muchos habían advertido a Vicente que no confiara en Bustamante.

En diciembre de 1829 Guerrero huye a Guerrero, mientras en la Ciudad de México el Congreso lo repudia por

¡golpista! y reconoce a Anastasio Bustamante como presidente por ¡golpista! y todavía va más allá: declara a Vicente Guerrero con *incapacidad para gobernar* —algo que padecen todos los presidentes que hemos conocido a la fecha—. Lo único bueno que hace este congreso de canallas es expulsar al embajador de Estados Unidos, J. R. Poinsett, en 1830.

Guerrero queda varios meses oculto en la sierra e intenta negociar con Bustamante diciéndole que renunciaría a la presidencia —que ya no tenía— si este convocara a nuevas elecciones; por supuesto Bustamante lo manda al carajo, y también a Gómez Pedraza, que era el pretexto de la rebelión contra Guerrero, pues jamás lo llama para que regrese a gobernar. Vicente se la pasó a salto de mata en la sierra por meses, pero logró formar un movimiento más o menos consistente con el que toma Acapulco, y su Revolución del Sur controla de manera intermitente parte de lo que hoy son Guerrero, Michoacán y Colima. Ahí la llevaba, hasta que recibe una invitación para «tomar la sopa» con Francisco Picaluga, capitán del barco *Colombo* que está de paso en el puerto de Acapulco; Picaluga le dice que ahí le tiene unas armas muy baratas para venderle, y además se las deja a crédito, y como regalo adicional, si va en ese momento obtendrá dos botellas de mezcal completamente gratis, y eso no es todo, por oferta limitada si él es de las primeras cien personas en ir a esta cita le darán un reproductor de sonido MP3 o un juego de sartenes… y además le dice que, como se va mañana, ¡no puede dejar pasar esta oportunidad!, ¡llame ya! Por supuesto a Guerrero le advierten que eso es muy sospechoso, ¿quién le va a ofrecer armas a crédito a un guerrillero que se la ha pasado atacando y escondiéndose debido a que no tiene ni una hermana para aventarles a sus enemigos?

Pero ya sabemos cómo era nuestro héroe, y por supuesto que va a ese almuerzo; la verdad no podemos culparlo, la tentación de la gorra entre los mexicanos es algo invencible, yo he ido a donar sangre solo porque después te dan un sándwich y un jugo de naranja gratis.

El 15 de enero de 1831 Francisco Picaluga apresa a Guerrero en el *Colombo* y tres días después se lo entrega al gobierno en Huatulco, Oaxaca; le hacen un juicio sumario y de siete cargos que le imputan lo encuentran culpable de ocho, ya que uno de ellos tenía un agravante, y lo condenan a muerte el 14 de febrero de 1831, sí, en un día del amor y la amistad. Lo fusilan en Cuilápam, Oaxaca… seguramente tampoco oyó los tiros.

Anastasio Bustamante

Primer periodo, del 1° de enero de 1830
al 13 de agosto de 1832

Trinidad Anastasio de Sales Ruiz Bustamante y Oseguera nació en 1785 en Jiquilpan, Michoacán, en el mismo pueblo en que siglos más tarde nacería Lázaro Cárdenas, con lo cual se demuestra que un rayo sí puede caer dos veces en el mismo lugar. Su padre se dedicaba a transportar nieve a Guadalajara —ahora, con el cambio climático la nieve puede llegar sola a Guadalajara cualquier verano—. Anastasio estudió medicina en la Ciudad de México, pero prácticamente no ejerció su profesión, era de esos médicos que no curan un pulque. Tras la invasión francesa de España en 1808, como muchos de los jóvenes de su tiempo, se enlistó en el ejército para luchar contra los invasores franceses, pero estando en México eso era puros *rounds* de sombra. En 1810 comienzan los trancazos en serio: tras el levantamiento del cura Hidalgo empieza la guerra de Independencia. Para entonces, Bustamante ya está bien metido en el ejército realista, donde asciende rápidamente, Félix María Calleja, el famoso comandante español que acabó con los insurgentes, lo nombra capitán después del sitio de Cuautla y lo comisiona para perseguir a Morelos, y por lo mismo, a Vicente Guerrero.

En 1817 vuelve a ser ascendido en el ejército colonial tras su exitosa campaña contra Francisco Xavier Mina. Su carrera militar fue célebre y rápida, pero al acabarse prácticamente todos los insurgentes en México su desarrollo profesional se estancó, es entonces cuando su compañero de armas, Agustín de Iturbide, le propone cambiar de bando y traicionar a los españoles… pero, ojo, esto solo por devota lealtad al rey español Fernando VII; así que le sugiere hacer aquello contra lo que había estado combatiendo desde hacía 11 años: ¡la independencia de México!, y por supuesto Bustamante acepta, igual que lo hicieron 95% de los oficiales del ejército colonial. Cualquier político sabe que lo que un día es lo peor para el país, otro día es lo mejor para la patria, pero el político que triunfa es el que sabe distinguir cuál es ese día, y Anastasio Bustamante era de esos.

Durante el breve imperio de Iturbide nuestro héroe se la pasa a toda pastilla con cargos, honores y ceremonias de homenaje, pero sin cobrar, porque el país estaba en ruinas, es decir, tiene una vida parecida a lo que hoy es ser medallista olímpico mexicano. Tras el derrocamiento de Iturbide queda como diputado del mismo Congreso que acabó con el primer Imperio e instauró la república, y es de los que votan por la pena de muerte para Iturbide tras su destierro si se le ocurre regresar al país. Cuento esto porque poco antes de morir, en 1853, Bustamante pidió que su corazón fuera llevado a la Catedral Metropolitana para que estuviera junto a los restos de Iturbide, donde se encuentra en una urna hasta la fecha. La verdad, con esos amigos Iturbide no necesitaba enemigos.

Como vimos en el capítulo anterior, tras el golpe de Estado de Guerrero, Bustamante es nombrado vicepresidente; todos los partidarios de Guerrero le advierten que Anastasio no es de fiar y empiezan a cuestionar su nombramiento, por lo que Bustamante, para acallar a sus críticos, dice la frase célebre por la que pasa a la historia: «Yo jamás desenvainaré mi espada contra Guerrero». Todos los políticos dicen mentiras, pero con Bustamante comienza la competencia por ver quién la tiene más grande (la mentira, claro). Por supuesto, Anastasio Bustamante le dio un cuartelazo a Vicente Guerrero para volverse presidente y después se dedicó a perseguirlo tenazmente para asesinarlo, de hecho esta fue su única obra de gobierno.

Con Bustamante, el gobierno se vuelve centralista y comienza la pugna entre centralistas y federalistas: el pretexto que nos llenó de guerras civiles en los siguientes años.

Anastasio Bustamante llega a la presidencia el 1° de enero de 1830 y, como ya se había vuelto costumbre, recibe un país en bancarrota; bueno, la verdad no lo recibe, lo arrebata. Su breve administración se caracterizó por la extrema austeridad para absolutamente todo lo que hiciera el Estado, salvo matar a Guerrero, para eso siempre hubo lana. Algo así como el gobierno de AMLO con el beisbol.

Vicente Guerrero, que había huido a esconderse a la sierra de Guerrero, arma su Revolución del Sur, con la que logra tomar Acapulco y pone una aduana que le da al movimiento algo de dinero para poder crecer. Mientras tanto Bustamante, para evitar que Guerrero pueda recuperar el poder, hace que el Congreso lo declare incapacitado para gobernar, y como en las buenas épocas del IMSS, le dan dos incapacidades: una moral, pues Guerrero llegó a la presidencia por un golpe a Gómez Pedraza, y otra intelectual, pues el Congreso concluye que Guerrero es un pendejazo y no puede ser presidente. Esto es muy interesante, pues es el único precedente de algo así en nuestra historia, y aunque esta característica la comparten todos nuestros gobernantes a ningún otro lo han cesado por ese motivo.

Anastasio Bustamante sabe bien que mañana mismo ese pinche Congreso puede declarar a Guerrero Dios Padre, Miss España o campeón del torneo de invierno de la liga de ascenso, así que la única forma real de que Guerrero no vuelva a ser presidente es que no exista, y a eso consagra todo su «talento» como estadista. Anastasio entra en contacto con el capitán del barco *Colombo*, un traficante de armas y mercenario genovés llamado Francisco Picaluga, que debido a su profesión estaba siempre donde se necesitara el concurso de sus esfuerzos, y México desde 1810 era el lugar ideal para alguien con ese perfil. El señor Picaluga prestaba servicios con su barco tanto a Guerrero y sus revolucionarios como al gobierno, dando a sus clientes un trato de mercenario profesional que dejaba a ambos bandos siempre muy complacidos, y fue Nicolás Bravo, el comandante de las fuerzas del gobierno que tenían la encomienda de aniquilar a Guerrero, quien pone a Picaluga en contacto con el general José Antonio Facio, el ministro de Guerra de Bustamante, quien desea rentar su barco para «un servicio especial».

En la capital, Facio se entrevista con Picaluga, sabe que él conoce y trata con Vicente Guerrero y le propone un plan para capturarlo en su barco; la participación del marinero sería retribuida con 20 mil pesos. Picaluga primero aparenta indignación ante la propuesta de Facio y, según Carlos María de Bustamante, exclamó: « ¡Oh, señor! Usted ofende mi delicadeza y moralidad, no permita Dios que tal cosa hiciera yo...». Facio le termina ofreciendo 50 mil pesos y la delicadeza y la moralidad se desvanecieron. Como diría un siglo después el general Álvaro Obregón: «Nadie aguanta un cañonazo de 50 mil pesos». Picaluga cumple y les da a Guerrero como prisionero en Huatulco, en un lugar que desde entonces se conoce como la Playa de la Entrega, y por una lana más accede a ser testigo en el Consejo de Guerra contra su prisionero.

Guerrero fue fusilado en febrero de 1831 y se vuelve el primer mártir mexicano mundial, mientras Picaluga es el primer villano; los diputados de la Federación de Repúblicas de Centroamérica condenan a muerte al marinero genovés, y lo mismo hace el reino de Génova, donde el Real Almirantazgo juzga a Picaluga y lo condena a muerte por robo internacional, además, le ordena que indemnice a la familia de Guerrero. Todo esto, a distancia de un océano. La sentencia jamás se aplicó porque Picaluga no volvió a Génova y el juicio fue hecho en su ausencia. A la fecha no se sabe bien qué fue de él. El marinero mercenario prófugo fue el único que obtuvo dos sentencias de muerte por la ejecución de Vicente Guerrero, cosa que él NO hizo. Sin embargo, el gobierno mexicano —los que realmente se lo echaron— salió bien librado de todos los juicios. Los oficiales que participaron en la ejecución solo fueron expulsados del ejército; Anastasio Bustamante se fue del país, pero porque habían tomado el poder sus adversarios, no porque huyera de una condena judicial por matar a Guerrero; y a los demás que tuvieron algo que ver en la decisión de ejecutar a Guerrero solo se les incomodó para indagar qué había pasado, pero no se les juzgó ni se les condenó de nada. Quizá todos se llamaban Emilio Lozoya.

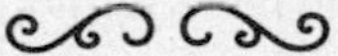

Es 1832 y Santa Anna está de ocioso, mientras se quita la pelusa del ombligo de pronto recuerda que lo de la ejecución de Vicente Guerrero estuvo muy mal y que Gómez Pedraza es el presidente legítimo de México, y en su nombre proclama el Plan de Veracruz, que tiene como fin derrocar a Anastasio Bustamante, aquel que mandó matar a Guerrero, y hacer que gobierne Gómez Pedraza. Una vez que logró tomar el poder, a Santa Anna se le olvidó llamar a Gómez Pedraza: ¡uno no puede acordarse de todo!

Para vencer a Bustamante, Santa Anna finge que se va a rendir y le propone una tregua, solo para agarrar desprevenidas a sus fuerzas armadas y así ganar la batalla de San Agustín del Palmar contra el mismísimo ministro de Guerra, José Antonio Facio.

Este acontecimiento convierte a Santa Anna en el chico popular y todos los oficiales leales a Bustamante lo traicionan y se pasan de su lado. Este, viéndose en desventaja, sale a negociar la paz con Santa Anna y Gómez Pedraza, a quien le recuerda dos cosas: uno, él fue el primero que se sublevó, antes que Santa Anna, para que Gómez Pedraza ganara la presidencia en las elecciones de 1828, y dos, fue él quien se deshizo de Vicente Guerrero, por lo que si fuera un caballero debería de estar en eterna deuda por sus servicios —la verdad, desde esa perspectiva, tenía toda la razón—. Es así como estos tres personajes, en diciembre de 1832, firman los Convenios de Zavaleta, el punto número 8 establece: ¡Amnistía y olvido de todos los hechos ocurridos desde el 1° de diciembre de 1828 a la fecha! O sea que lo del asesinato de Guerrero, ¡la razón del alzamiento!, pasó al olvido, la doctrina Alzheimer volvía a ser el remedio universal para resolver todas las pendejadas de nuestros gobernantes.

De esta manera es como termina oficialmente la primera presidencia de Anastasio Bustamante. Sí, la primera.

Melchor Múzquiz

14 agosto-24 de diciembre de 1832

José Ventura Melchor Ciriaco de Eca y Múzquiz de Arrieta, o Melchor de Ecay y Múzquiz de Arrieta, o José Ventura Melchor Siriaco Ecay-Múzquiz Arrieta —como ven, tenía más nombres que un jefe de cártel—, nació en lo que hoy es Coahuila en 1790, y es de los pocos presidentes de esta etapa que siempre fueron insurgentes, y no de los realistas que se sumaron a la independencia en 1821 por invitación de Iturbide.

La larga guerra de Independencia agarra a un joven Múzquiz estudiando en el Colegio de San Ildefonso, y en 1811 descubre que eso de los trancazos le cuadra más que la escuela y por eso se une a las fuerzas de Ignacio López Rayón, llegando al grado de coronel en las fuerzas rebeldes. Como todos los insurgentes, la pasa jodida después de la derrota de Morelos y vive a salto de mata de 1815 a 1821, cuando Agustín de Iturbide cambia de bando y hace la independencia de México.

En 1832 Anastasio Bustamante sale a combatir a los generales que se le sublevaron y lo desconocieron como presidente por haberse sublevado contra el presidente anterior, para ello tiene que dejar encargado de la presidencia a un interino y escoge a Melchor Múzquiz, que ya para entonces era un respetado general y tenía fama de ser una persona honesta —pero nunca sabremos si esto era cierto o se debía a que en esa época estaban tan fregadas las arcas nacionales que no había nada que robar—. Múzquiz asume la presidencia el 14 de agosto de 1832 ante un Congreso de la República casi vacío, pues justo ese día se ausentaron casi todos los diputados, este detalle nos da una idea de cuánto les importaba a sus contemporáneos el presidente Múzquiz.

Pues eso, al presidente Múzquiz no lo pelaban ni de casquete corto y por esta razón renunció a su cargo dos veces durante su breve gobierno, pero los del Congreso lo convencieron de que no lo hiciera, básicamente porque no había nadie que quisiera aceptar el cargo. Era como esos representantes de la comunidad de vecinos que solo están para que alguien reciba la factura del gas del edificio.

Múzquiz es importante para la historia de México como presidente porque a él se le ocurrió cobrar impuestos por el aire y fue el primero que sacó lo de cobrar una cuota por cada ventana que tuvieran las casas, impuesto que no se pudo aplicar porque si a Múzquiz no lo pelaban cuando decía que venía a pagar, imagínense si llegaba diciendo que venía a cobrar…

Por último, cuando ve que Bustamente, los generales sublevados y Gómez Pedraza se arreglan en los Tratados de Zavaleta, llegando al acuerdo de que todas las chingaderas que se habían hecho quedaban olvidadas y a partir de entonces todo empezaría de cero, Múzquiz decide dejar la presidencia; técnicamente «gobernó» cuatro meses y se fue un 24 de diciembre, fue su regalo de Navidad, el único que recibió durante su mandato. Esta vez no avisó a nadie de su renuncia, simplemente se fue para su casa, por supuesto que nadie notó que ya no estaba. Falleció en la Ciudad de México en 1844 en la más absoluta pobreza. Es el primer y único expresidente pobre que hemos tenido, esto se debe a que nadie en el país supo que era el presidente.

Manuel Gómez Pedraza y Rodríguez

Diciembre de 1832-marzo de 1833

Manuel Gómez Pedraza es importante para la historia nacional porque fue el primer presidente de México que solo tenía un nombre; el ahorro de hojas y tinta para escribirlo en los documentos oficiales fue considerable, ya que si pensamos que en esa época solo el nombre de cualquier funcionario se llevaba varios renglones para anotarse completo en un documento oficial, que él se llamara nada más Manuel fue una elogiada señal de austeridad republicana, muy aplaudida por todos sus contemporáneos.

Manuelito era de la Huasteca, y fue de los mexicanos que antes de la independencia de Iturbide estuvo del lado realista, en el regimiento de los leales de San Luis, donde recibió el grado de oficial nada menos que de manos de Félix María Calleja, el general español que acabó militarmente con Morelos. Después de 1821, Manuel se volvió un entusiasta de la independencia mexicana, a tal punto llegó su repentina devoción de que fue nombrado ministro de Guerra por Guadalupe Victoria.

Manuel Gómez Pedraza fue el primer presidente mexicano al que sacaron del poder por un cuartelazo, y a partir de ahí la presidencia de México no volvió a dar una; desde ese momento todos *zopiloteaban* la silla presidencial y nadie podía levantarse de ella ni para ir al baño porque le quitaban el lugar. El karma del golpe contra Gómez Pedraza persiguió al gobierno mexicano y mató o exilió a muchos personajes notables de esos que hoy dan nombre a escuelas y avenidas por todo el país.

Para reparar el agravio a Gómez Pedraza se llegó a la solución con la que los mexicanos resolvemos todos nuestros problemas cuando de verdad son graves: hacernos pendejos. Sí, nuestra capacidad de hacernos güeyes es tan grande que el día que se descubra cómo sacarle dinero a eso seremos el país más próspero del planeta.

Don Manuel Gómez Pedraza gobernó durante tres meses y medio. Y ya, la verdad es que no se puede decir mucho más.

Bueno, está bien: contendería otras dos veces más por la presidencia de la República, en 1845 y 1848, pero afortunadamente perdería ambas elecciones. Y qué bueno, porque le vuelven a quitar la presidencia y tendrían lugar 20 años de guerra civil para que pudiera gobernar 15 minutos.

Murió en 1851 y contra todo lo que se pensaba, luego de esa fecha no se presentó ningún otro cuartelazo para tomar el poder con el pretexto de regresar a Manuel Gómez Pedraza a la vida, que era la condición que legítimamente le correspondía.

Valentín Gómez Farías

1833-1847

Del 1º de abril al 16 de mayo de 1833, luego, del 3 al 18 de junio de 1833, y luego, del 5 de julio al 27 de octubre de 1833, también del 16 de diciembre de 1833 al 24 de abril de 1834,y ya para terminar, del 23 de diciembre de 1846 al 1º de abril de 1847

Don José María Valentín Gómez Farías nació en Guadalajara en el Día del Amor y la Amistad de 1871, y más que flecharlo, cupido lo esquivó toda su vida, porque en sus gobiernos nadie lo quiso. Después del sainete de la presidencia simbólica de Gómez Pedraza, para que todo volviera a la normalidad en la siguiente elección, 1833, quedó como presidente Antonio López de Santa Anna. Él había visto cómo cada vez que llegaba un presidente al poder su vicepresidente conspiraba para asesinarlo, así que para romper este círculo vicioso decidió no gobernar y darle el poder desde el principio a su vicepresidente, para de esta manera poder dedicarse cómodamente a conspirar contra él.

En los libros convencionales de historia, Gómez Farías siempre ha sido considerado un liberal radical, pero si analizamos con calma su gobierno veremos que en realidad no era radical, nada más era pendejo, y por eso todo lo que hacía generaba reacciones de oposición muy violentas. Durante sus extraños gobiernos, Gómez Farías se dedicó a apagar todos los fuegos que había en el país echándoles gasolina, a tapar agujeros haciéndolos más profundos, a pedirles dinero a los que no tenían, y a pacificar al país agarrándose a madrazos con todo el mundo.

De chavo, Valentín fue elegido diputado a las Cortes de Cádiz en 1812, es decir, fue de los mexicanos liberales partidarios de que todos fuéramos españoles; en 1821 fue partícipe de la independencia junto a Iturbide y partidario de acabar con la Constitución de Cádiz; después fue de los firmantes de la proclamación de Iturbide como emperador, y para rematar este circo del absurdo, fue de los firmantes de la ley para matar a Iturbide si volvía a entrar a México. Como podemos ver, Gómez Farías podía ser tu mejor amigo o tu peor enemigo, dependiendo del clima que hiciera ese día, lo normal.

Como mal fario, Valentín tuvo siempre que dejarle el gobierno a Santa Anna, una maldición que no se pudo quitar jamás. Las vidas de estos dos personajes estuvieron unidas trágicamente; aunque ambos lucharan por separarse y se aborrecieran profundamente, eran como el doctor Jekyll y Mister Hyde, sin que nadie pudiera identificar cuál era realmente Jekyll y cuál Hyde, eran como Viruta y Capulina, o Pimpinela.

En cuanto nombraron presidente a Gómez Farías, comenzó una epidemia de cólera en México, esa epidemia mató a cerca de 20% de los habitantes de la capital, y en los chistes de ese tiempo se comentaba que la verdadera cólera era la que causaba Gómez Farías con sus programas de gobierno. Cada vez que el país estaba a punto de entrar en una nueva guerra civil por las acciones de su gobierno, llegaba corriendo el auténtico presidente electo, Antonio López de Santa Anna, a despedir a Gómez Farías y deshacer todo lo que había hecho para que las cosas se calmaran; luego, cuando todo el mundo empezaba a enfurecerse con Santa Anna por las pendejadas que hacía, llamaba a Gómez Farías y lo dejaba una vez más al frente del gobierno para que a la gente se le olvidara cuánto lo odiaban y volvieran a odiar a Gómez Farías; este, al volver a ocupar la presidencia, deshacía todas las pendejadas de Santa Anna para volver a hacer las suyas y así se cerraba el circulo vicioso de su administración. Lo que hicieron fue repartirse y administrar el impacto de la opinión pública, hasta que, como era de esperarse, este sistema colapsó por ser insostenible.

La única cosa buena que hizo Gómez Farías en los primeros cuatro capítulos de su gobierno fue meter a la cárcel a Stephen F. Austin, el separatista texano por el cual ahora existe la ciudad de Austin, capital del estado de Texas; este cuate había venido a la Ciudad de México a entregar el pliego petitorio de los colonos texanos y le tocó presentarse en una semana cuando estaba gobernando el presidente Gómez Farías, quien lo estudió y consideró que las demandas contenidas eran tan abusivas e injustas que lo mandó encarcelar. Lamentablemente, pocos días después regresó Santa Anna como presidente con la misión de dar marcha atrás a todo lo que había hecho Gómez Farías y liberó al señor Austin, quien regresó a Texas para organizar la independencia de ese estado. Si no lo hubiera liberado, a lo mejor perdemos Texas hasta la guerra con Estados Unidos, 10 años después, con lo cual les habría dado tiempo a los niños héroes de crecer y la batalla de Chapultepec no los habría sorprendido tan chamacos.

Don Valentín fue el que inventó eso de expropiar para financiar programas de gobierno, y como podemos «suponer», esto solo dejaba contento al gobierno y a los beneficiarios de los programas, y muy encabronados a quienes perdían sus propiedades. Gómez Farías continuó «haciendo amigos» quitándole las propiedades a la Iglesia: resulta que los jesuitas fueron expulsados por el rey de España en 1767 y todas las propiedades de esta orden fueron ocupadas por las demás órdenes religiosas, pero a Gómez Farías se le ocurrió que el patrimonio de los jesuitas en realidad lo tenía que resguardar el gobierno, pues al no estar esa orden para cuidar sus bienes, la Federación debía encargarse de ellos. Con este genial argumento, el gobierno se chingó el vasto imperio de la Compañía de Jesús en México, los jesuitas desde luego dijeron que con gusto regresaban a México a retomar lo que dejaron, ya que como México no era parte de España, no tenían ningún impedimento para volver, pero por supuesto el gobierno mexicano les negó el retorno.

Valentín siguió haciendo cuates quitando los fueros militares, la obligación del diezmo, subiendo los impuestos y reduciendo los días festivos. Al cabo de unas semanas, todos los que querían quitarlo del poder deseaban hacerlo a patadas. Como broche de oro, a Gómez Farías se le ocurrió que, así como en la época virreinal era atribución del rey nombrar obispos y cardenales para las colonias de ultramar, ahora, en la época de la república independiente, debía ser atribución de la nación —o sea del presidente— nombrarlos, con lo cual el gobierno pasaba a controlar toda la lana y las plazas de la Iglesia. Por supuesto los jerarcas católicos se pusieron como dirigentes de la CNTE cuando les dicen que los maestros tendrán plaza según lo que saquen en su examen de evaluación, y se generó un enfrentamiento entre la Iglesia y el poder civil por el cual se decidió cerrar la Real y Pontificia Universidad de México, que era administrada por la Iglesia, y como a nadie se le ocurrió crear otra para sustituirla, nos quedamos sin universidad hasta 1910.

Como todo presidente mexicano, creó una comisión especial para juzgar a los políticos de los gobiernos anteriores, y a él le toco enjuiciar al grupo que asesinó a Vicente Guerrero —recordemos, él fue uno de los diputados que autorizaron el juicio para que lo ejecutaran—. En el proceso legal, todos los enjuiciados fueron encontrados culpables, incluido el expresidente Anastasio Bastamente, y se les sentenció con toda severidad a que no lo volvieran a hacer; algo que se cumplió cabalmente, pues ninguno de ellos volvió jamás a matar a Vicente Guerrero. La justicia mexicana funciona.

En 1834, cuando estaba a punto de generarse otra revuelta, regresa Santa Anna a la presidencia y saca del país a Gómez Farías, nunca sabremos bien si lo hizo para desterrarlo por idiota o para salvarle la vida, y allí concluye esa presidencia. Su gobierno fue un eterno *coitus interruptus*.

Muchos años después don Valentín vuelve a ser presidente de México en plena guerra con Estados Unidos; asume la presidencia una última vez el 23 de diciembre de 1846, para que Santa Anna se pudiera ir a pasar la Navidad a su casa; el 1º de abril de 1847 le regresa el poder a Santa Anna. En realidad, este llega corriendo como siempre para correr a Gómez Farías por una nueva guerra civil que había ocasionado en plena invasión de Estados Unidos. Esta fue la bronca: como se necesitaba lana para la guerra, a Gómez Farías se le hizo fácil quitársela a la Iglesia católica, institución que hasta entonces había cooperado en los esfuerzos nacionales contra la invasión estadounidense porque, como los yanquis eran protestantes, con toda lucidez comprendían que si ganaban la guerra iban a instalarse otras iglesias cristianas en México y perderían el monopolio de la fe que les había quedado gracias a 300 años de Inquisición española; pero al ver que el gobierno mexicano les iba a quitar dinero, que es algo más valioso que el alma (intenten vender su alma y entenderán lo que les digo), rompieron la alianza y patrocinaron la rebelión de «los polkos», grupo paramilitar de las élites mexicanas al que pertenecía el famoso general Anaya, que luchó contra los gringos en la batalla del convento de Churubusco.

Sí, en plena invasión extranjera los mexicanos estábamos más preocupados por matarnos entre nosotros. Lo normal.

Muchos años después, en 1852, Valentín Gómez Farías fue candidato a la presidencia, ¿y contra quién creen que le toca contender? Por supuesto, contra Antonio López de Santa Anna. ¿Y quién creen que ganó? Por supuesto: Santa Anna.

Gómez Farías murió en 1858 y la Iglesia —que en esos tiempos controlaba los cementerios mexicanos— se negó a sepultarlo, ¿por qué sería? Actualmente sus restos están en la Rotonda de las Personas Ilustres y los de Santa Anna no, lo cual nos da una idea de quién ganó al final.

Antonio López de Santa Anna

1833-1855

Once veces presidente de México en la cuenta detallada, o seis veces en la cuenta rápida, sin embargo, si juntamos todo el tiempo que estuvo a cargo del país, no llegó a gobernar ni un sexenio.

16 de mayo-5 de julio de 1833
27 de octubre-15 de diciembre de 1833
24 de abril-2 de julio de 1834
27 de enero-23 de marzo de 1835
23 de marzo-19 de julio de 1839
10 de octubre de 1841-26 de octubre de 1842
14 de mayo-6 de septiembre de 1843
4 de junio-6 de septiembre de 1844
21 de marzo-2 de abril de 1847
20 de mayo-16 de septiembre de 1847
20 de abril-12 de agosto de 1855

Antonio López de Santa Anna fue un presidente de cuyas pendejadas se pueden hacer varios libros, es más, toda una biblioteca, y la pregunta obligada es: ¿cómo pudo ser tantas veces elegido por los mexicanos para gobernar? Hay dos teorías: o los otros políticos eran peores que Santa Anna, o los mexicanos de esa época eran mucho más pendejos que Santa Anna, y lo más probable es que las dos respuestas sean correctas. Antonio era un hombre de gran carisma, tenía la genialidad del tahúr y el encanto entrañable del estafador; era ese tipo que siempre te pide dinero y nunca te paga pero le vuelves a prestar, y estas cualidades siempre le permitieron caer bien parado cuando lo echaban por la ventana, y eso que tenía una sola pierna.

Don Antonio de Padua María Severino López de Santa Anna y Pérez de Lebrón nació en Jalapa en 1794, y en su vida, como canción de José José, «anduvo de allá para acá, fue de todo y sin medida». Suelen reprochársele un oportunismo cínico y ambigüedad ideológica debido a que en su accidentada carrera política fue monárquico y republicano, federalista y centralista, conservador y liberal, soltero y casado, gavilán y paloma, águila y chiva, chairo y fifí, por supuesto, todo al mismo tiempo; aunque en justicia hay que decir que eso le pasó a toda su generación, lo peculiar de su caso es que Santa Anna tuvo el talento de seducir a todos los partidos y lograr que lo volvieran su líder, y conseguirlo sin tener un cuerpo como el de Angelina Jolie, la verdad, tiene su mérito.

Santa Anna comenzó su carrera política y militar en el ejército colonial español; como todos, se pasó del lado de Agustín de Iturbide y de la independencia en 1821 y luego, como todos, se volvió partidario del imperio de Agustín I; a tal punto fue entusiasta de este imperio que se empezó a ligar a la hermana mayor del emperador, mujer de muchos pretendientes, más por sus dineros que por sus atributos físicos; como dice el refrán: «A la mujer fea, el oro la hermosea».

Santa Anna se convirtió en el pretendiente oficial de la hermana de Agustín I, a pesar de que ella era muchos años mayor que él. Su hermano, para sacar definitivamente de la Corte a su precuñado, le encomienda una misión imposible: conquistar la fortaleza de San Juan de Ulúa, último bastión en poder de los españoles, desde donde la independencia nacional estaba constantemente amenazada. La idea era dejarlo romperse la cabeza y pelear un rato, para cuando no pudiera dar buenas cuentas correrlo por inútil, así «Adiós, cuñis». Santa Anna, que tenía una intuición prodigiosa para la política, lee esta maniobra y aprovecha el levantamiento contra el emperador para también sublevarse y declarar la república; siempre pregonó que él fue el primero que lo hizo, aunque, como reconoció en uno de sus libros de memorias, en realidad no sabía qué significaba eso de *res pubica*; sí, igual que el diputado Sergio Mayer cuando hace cualquier declaración. La puntada le sale bordada: el emperador sale por patas y él queda como mago.

A partir de entonces, Santa Anna siguió haciendo levantamientos en cuanto notaba que el gobernante en turno estaba un poco débil —así fuera solo porque el día anterior había tenido un poco de diarrea—, para quedarse él con el poder. Pero nadie sabe para quién trabaja, y menos en la política, y todos los alzamientos que hizo Santa Anna desde 1823 hasta 1833 llevaron a la presidencia a otros menos a él; finalmente, después de ¡10 años de levantamientos!, casi uno por semestre, llega a presidente en 1833. Aunque había un pequeño problema: el país era tan inestable que nomás con sacudir la silla presidencial se desmoronaba cualquier gobierno, así que de intentar sentarse en ella ni hablamos; es entonces que don Antonio decide hacerse buey para volverse vaca sagrada de todas las facciones. A partir de esta fecha Santa Anna capotea heroicamente todos los toros de la política nacional y a cada uno logra ponerle varias espléndidas banderillas, y cuando el toro le da una cogida, se las arregla para que el toro le ponga departamento a su nombre y le mande flores todos los días, así fue este presidente de México, llamado por Enrique Serna «El seductor de la patria».

Su primer gobierno es un *tiempo compartido* con Gómez Farías, su vicepresidente, en el que ambos acuerdan gobernar solo dos semanas al año, pero nunca se ponen de acuerdo en cuáles son esas semanas. Cuando corre de manera definitiva al vicepresidente y asume el poder, a Santa Anna le toca la guerra de Texas, en 1836, una campaña que le urge terminar cuanto antes, pues es consciente de que, si un presidente mexicano deja su oficina por mucho tiempo, la probabilidad de que sea invadida por otro presidente es altísima. Es en ese conflicto bélico con Estados Unidos cuando ocurre su primera gran pendejada fatal: la campaña de esa guerra fue un éxito para México y los rebeldes estaban prácticamente derrotados; ante la evidente victoria, don Antonio se confía y pone su cuartel general muy lejos de su ejército. ¿Por qué un presidente y comandante en jefe pone su campamento apartado de sus tropas y solo protegido por unos cuantos soldados? ¡Por caliente! Santa Anna preparó una tarde de putas y buscando privacidad y discreción se colocó en una situación vulnerable, así fue como un pequeño grupo de insurgentes texanos lo sorprende y lo toma prisionero, y como dice el refrán: «Por andar de caliente, no le quedó ni un diente». No era la primera vez que Santa Anna propiciaba la pérdida de territorio por andar de pito loco: en 1835, un año antes de la guerra de Texas, Santa Anna separó a Aguascalientes del estado de Zacatecas luego de que la señora María Luisa, esposa de su anfitrión Pedro García, le dijera que ella haría cualquier cosa por lograr que su entidad se independizara de Zacatecas, la leyenda dice que Santa Anna le pidió un beso para concederle esto. El estado de Aguascalientes es uno de los más pequeños del país; si en lugar de un beso la señora le da todo, seguramente ahora México completo sería Aguascalientes.

Tras el desastre de Texas, Santa Anna —con una pistola en la cabeza— firma un tratado en el que reconoce la independencia de ese territorio, que desde luego el Congreso mexicano desconoce inmediatamente, pero con el presidente prisionero se arman nuevos cuartelazos en la Ciudad de México para quedarse con el poder; entonces el ejército mexicano en Texas, mucho más numeroso y equipado que el de los insurgentes texanos, debe retirarse para que sus generales puedan meterse a la grilla de la sucesión presidencial dentro de la nueva guerra civil que se avecinaba. Con esta retirada, los rebeldes de Texas logran su independencia *de facto*.

Santa Anna es entregado por los texanos en calidad de «huésped» a los gringos, que en realidad lo tienen como prisionero de lujo, de ahí hay dos anécdotas curiosas: Santa Anna conoce a un político gringo que lo ve masticar goma de chicle para limpiarse los dientes; por curioso, el yanqui le pregunta qué es lo que mastica y Santa Anna le da detalles sobre este producto mexicano y le regala varios chicles, el gringo se apellidaba Adams y fue a quien se le ocurrió ponerle dulce y sabor a menta para crear una de las empresas y productos que simbolizan hoy lo gringo en cualquier parte del mundo. Pero la historia que más me gusta de este tiempo que pasó Santa Anna como «huésped» es cuando el gobierno estadounidense lo obliga a que firme un tratado en el cual cede el istmo de Tehuantepec a unas compañías de ese país para que construyan un canal que atraviese México y una el océano Atlántico con el Pacífico, Santa Anna finge que ese proyecto le encanta y pide redactar personalmente el tratado, lo escribe en español, desde luego, usando un lenguaje rebuscado y tartajoso, y lo firma; años después, en 1839, cuando vuelve a ser presidente, los gringos se presentan en su oficina para obligarlo a cumplir el tratado, pero él les hace notar que el documento solo les permitía hacer la entrada para el canal, pero no una salida, haciendo que el proyecto se volviera inviable, ese era Antonio López de Santa Anna.

Tras la pérdida de Texas, Santa Anna queda marcado para siempre y se exilia un rato en Cuba, así que ¿cómo es posible que lo volvieran a elegir presidente? Sencillo: por la Guerra de los Pasteles, que es como conocemos a nuestra primera guerra con Francia; le pusimos ese nombre porque un señor francés de apellido Ramontel tenía un restaurante en Tacubaya y durante el último año del gobierno de Santa Anna, en 1836, unos oficiales del ejército mexicano fueron a consumir a su negocio y se comieron unos pasteles e hicieron destrozos en el local, el señor se quejó con su gobierno, aprovechó que los franceses andaban zopiloteando las antiguas colonias españolas de América para convertirse en la nueva potencia de la zona y metió a las demandas de indemnización de Francia la cuenta de su pastelería pidiendo que se le pagara la fabulosa cantidad de 600 mil pesos. Los pasteles más caros que se han comido en México, ni el osito Bimbo llegó a pretender cobrar algo así.

Como si no tuviéramos ya suficientes problemas y deudas, en 1838 Francia manda a México al buró de crédito mundial y llega literalmente con un ejército de cobradores a bloquear los puertos del Golfo, de manera «increíble» Santa Anna se las arregla para volver a entrar al país para servir a la patria amenazada, y de manera aún más «increíble», los mismos que lo corrieron le comisionan la defensa de Veracruz —tal vez con la esperanza de que lo mataran—. Don Antonio defiende el puerto cuando intentan desembarcar los franceses y un cañonazo le saca la pierna, desde entonces cada vez que se ponía caliente acostumbraba decir: «Qué ironía, cojo y sin coger». Mientras está convaleciente, manda una carta de despedida que es una obra maestra del melodrama romántico del siglo XIX, en la que termina diciendo: «Lo único que pido es que cuando parta se les diga a sus hijos quién fue el general Antonio López de Santa Anna». Si pueden algún día leer la carta, no tiene desperdicio, pues es una mezcla de *La rosa de Guadalupe* con *El patriota*, de Mel Gibson, y es un gran ejemplo de la labia prodigiosa de este hombre, que si hubiera concursado para Miss España habría convencido a los jueces de que le dieran el título sin tener que operarse ni afeitarse. Cuando el Congreso termina de leer la misiva, varios diputados lloran conmovidos y todos le dedican varios minutos de emocionados y sinceros aplausos al heroico mutilado, y este efecto sensiblero redime la carrera política de Santa Anna.

México pierde oficialmente la Guerra de los Pasteles en 1839, pero nos sale barato, ya que Inglaterra, temerosa de que Francia le coma el mandado en el Caribe, presiona a la flota francesa para que se vaya, y es así que, como los franceses tienen prisa por regresar a su tierra, nos hacen un descuento en la indemnización que piden y dejan la deuda en 600 mil pesos, que muy formalmente nos comprometemos a pagar y cada quien para su casa. Por cierto, al final el señor Ramontel no cobró nada, pues de lo que se pagó descontaron los gastos de la invasión y no quedó ni para un pastelito de disculpa. Moraleja: *Nadie sabe para quién mete facturas.*

López de Santa Anna era como López Obrador, un genio para vender sus derrotas como victorias. Don Antonio era un tipo tan manipulador que era capaz de venderles toallas sanitarias a los hombres tras convencerlos de que las necesitaban, y con la bandera de «Mi pierna por México» monta su campaña para presidente en 1839 y lo eligen, Texas quedó olvidado por la pierna de Santa Anna, que fue el primer «Pata Bendita» de México.

Todos los políticos que *meten la pata* pierden las elecciones, con Santa Anna fue al revés, pero en esta ocasión solo gobierna cuatro meses, pues otro nuevo alzamiento tumba su gobierno —en esos años un yogurt duraba más que un presidente—. A partir de este momento la silla presidencial es como balón en un partido de futbol llanero:

> *(Léase con la voz del* Perro *Bermúdez)*
> Santa Anna se la pasa a Bustamante, Bustamante se la da a Nicolás Bravo, Nicolás Bravo la retiene un momento, pero ante la presión la devuelve a Anastasio Bustamante, Bustamante se la pasa a Paredes y Arrillaga y este toca para José Mariano Salas, Salas regresa para Nicolás Bravo, Bravo le da la silla a Santa Anna otra vez en 1842 en un pase largo, largo, que retoma el orden electoral de 1839. Santa Anna está acorralado por el tremendo marcaje personal que le hacen y en septiembre de 1843 la regresa a Nicolás Bravo, que está en clarísimo fuera de lugar; este la pasa a Valentín Canalizo, que le regresa la presidencia a Santa Anna en junio de 1844. Santa Anna avanza, a veces por la izquierda, a veces por la derecha y a veces por el centro, pero al darse cuenta de que va en sentido contrario le pasa la silla presidencial a José Joaquín Herrera y se va expulsado del país, ¡a las regaderas del exilio!

En 1846 comienza la guerra con Estados Unidos, y Santa Anna regresa otra vez del exilio y de manera «increíble» vuelve a romper el cerco que tienen los gringos en Veracruz —en realidad lo dejan pasar— para ponerse al servicio del ejército mexicano y defender a la patria. En aquellos tiempos, cada vez que en México se escuchaba el grito de: «¡Oh, ¿y ahora quién podrá defendernos?!», aparecía don Antonio diciendo: «¡No contaban con mi astucia!». Santa Anna se autonombra «el protector de la patria», así como el Peje se autonombró «el rayo de esperanza» o «la honestidad valiente» para hacer campaña... y la pregunta es: ¿por qué los gringos que habían estado cuidadosamente preparando la guerra con México desde hacía 10 años dejan pasar a un enemigo para dirigir al ejército contra el que van a pelear? Al parecer ellos sabían que Santa Anna era como el Cruz

Azul: siempre quedaría en segundo lugar, y en las guerras el segundo lugar es el que pierde.

Aunque parezca... increíble, no solo le dan de nuevo el mando de tropas a Santa Anna, sino que además quien lo nombra presidente de México es su némesis: Valentín Gómez Farías. En medio del desastre de la guerra, don Antonio vuelve a ser presidente por dos semanas, seguramente porque Gómez Farías ya desarrolló un trastorno obsesivo-compulsivo de darle el gobierno a Santa Anna cada que lo ve, así que este vuelve a gobernar del 21 de marzo al 2 de abril de 1847, y convenientemente deja la silla presidencial para que sea otro el que tenga que rendirse oficialmente ante los gringos. Nombra como sucesor a Pedro María Anaya, entonces presidente del Congreso, y lo hace en chinga porque a Santa Anna ya se le hacía tarde para perder otra batalla.

Tras la derrota en la batalla de Cerro Gordo —otro *cuarto partido* para la selección de Santa Anna—, el paso a la Ciudad de México queda abierto para el enemigo y don Antonio toma de nuevo las riendas del gobierno para organizar la defensa de la ciudad —no vaya a ser que perdamos de visitante—, así que del 16 de abril de 1847 al 16 de septiembre del mismo año Santa Anna vuelve a ser presidente, pero también lo es Pedro María Anaya —la nada popular estrategia de tener un presidente en la banca por si el otro cae prisionero frente al enemigo—.

Para el 16 de septiembre —día de la Independencia, según los liberales, pues los conservadores la celebran 11 días más tarde, el 27— las tropas gringas ya están en el Zócalo y Santa Anna deja la presidencia para no firmar la capitulación, curiosamente Anaya también se lava las manos y el Congreso tiene que nombrar a un presidente interino para poder capitular en los Tratados de Guadalupe-Hidalgo. Con este documento se da el armisticio, es decir, la paz legal y oficial que puso punto final al conflicto entre México y Estados Unidos, en el cual se perdió poco más de la mitad del territorio nacional. El hombre al que le tocó el desdichado deber de ser el adulto responsable y firmar fue el señor Manuel Peña y Peña, nombrado presidente solo para que alguien cerrara la puerta cuando se fueran los gringos y así evitar que se volvieran a meter por lo que quedaba. Manuel Peña y Peña estuvo únicamente dos meses en el cargo, del 16 de septiembre al 14 de noviembre de 1847.

Pasado el trauma de la derrota, Pedro María Anaya recuerda que él es el presidente interino, corre a Peña y Peña y gobierna de noviembre de 1847 a enero de 1848, sin haberse manchado las manos con la tinta de la rendición. Así es la política, peca el que mata la vaca… y el que sostiene la pata es el que le grita «¡asesino!» y es también el que hace la carnita asada.

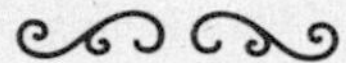

En la guerra contra Estados Unidos Santa Anna perdió todas las batallas, incluso en las que tenía superioridad numérica y mejores armas; la única que ganó fue una en la que ni participó, pero logró corregir esto justo a tiempo para seguir conservando lo «invicto» en derrotas. Se trata de la olvidada batalla de Padierna, en lo que hoy es la alcaldía Magdalena Contreras de la Ciudad de México, el 20 de agosto de 1847. Ganamos ese combate a todas luces, pero cuando el general Gabriel Valencia estaba a punto de acabar con lo que quedaba del ejército gringo, recibió la orden de Santa Anna de retirarse del campo de batalla.

El general Scott, comandante en jefe del ejército invasor, le escribe una carta de despedida a su esposa, pues sabe que en cuanto amanezca no tendrá forma de defender su posición y él y todos los hombres que le quedan morirán. La intención del general es entregar la carta al primer soldado mexicano que entre a matarlo y rogarle que se la mande a su familia —así eran de dramáticos los servicios de mensajería en el siglo XIX—; sin embargo, al despertar Scott descubre asombrado que los mexicanos ya no están. Si se siente del nabo cuando los de la selección nacional fallan el penal que nos podía haber clasificado en el mundial, ahora imaginen qué se siente que el gol decisivo no lo metan porque el entrenador les ordena abandonar el juego... Por eso nadie comenta esa batalla.

Tras el perro oso del abandono del campo de batalla y de la caída de la Ciudad de México Santa Anna huye, intenta alcanzar la costa por Oaxaca pero el gobernador de ese estado, un tal Benito Juárez, le prohíbe el paso —serán enemigos el resto de sus días; Juárez ganó esa, pero será Santa Anna el que vea morir a Juárez para gritarle en su tumba: «¡En tu cara eh, en tu enorme cara!»—. Finalmente, y como puede, Santa Anna logra salir del país y se exilia en Colombia.

Pocos años después, en 1852, un nuevo cuartelazo conservador triunfa y nadie puede gobernar el país; los mexicanos vuelven a preguntarse: «¿Y ahora quién podrá defendernos?», entonces deciden traer al «protector de la patria» —para que vean lo fuerte que es una marca bien posicionada, como dicen los de mercadotecnia—. Santa Anna se presenta para las elecciones de 1853 y ¡gana!, como si fuera karma, el candidato opositor es Valentín Gómez Farías.

Lo más notable de este gobierno es que fue el más largo de Santa Anna, y logró esto gracias a que se convirtió en dictador, don Antonio ya se había cansado de darle el avión a todo el mundo para tratar de tener contentos a todos, pues con toda su experiencia había descubierto que eso no solo era imposible sino también inútil, y dijo: «Yo a mi edad ya estoy para que me aguanten», y a partir de entonces se hizo llamar «Alteza Serenísima» y empezó a procurar un trato de dios viviente entre la burocracia de su gobierno —era como el Peje, pero en simpático—, le rindió un culto cívico a su pierna perdida en la Guerra de los Pasteles, la condecoró y le mando hacer un monumento al que los cadetes del Colegio Militar le hacían guardia de honor y desfiles —algo tan absurdo y patético que en nuestros tiempos solo lo hemos visto en los actos oficiales de la 4T, cuando hacen ceremonias a la madre tierra para que dé permiso de hacer una refinería.

Es en esta última administración de Santa Anna cuando los gringos invaden La Mesilla, un territorio en el desierto de lo que hoy es California que ellos necesitaban para que pasara su tren. Le preguntan al presidente si lo quiere vender porque los gringos ya no se van a salir, y su Alteza Serenísima opta por aplicar el refrán de *más vale un mal acuerdo que un buen pleito*. Este es el único territorio que realmente vendió Santa Anna, y por el cual se le llama «vendepatrias», y si bien podemos decir que como presidente este personaje fue realmente malo, como vendepatrias es el mejor que hemos tenido, ya que les sacó a los gringos ocho veces más de lo que originalmente ofrecieron por La Mesilla.

El 1854 tiene lugar el cuartelazo de Ayutla que tumba al protector de la patria, quien parte una vez más al exilio en 1855, los enemigos de Santa Anna toman el poder y el monumento a su pierna es destruido, su extremidad es desenterrada y lo último que se supo de ella es que vieron que se la llevaban unos perros callejeros, digamos lo normal en cualquier cambio de gobierno.

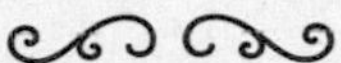

Casi 10 años después, en 1863, viene la segunda invasión francesa y con ella el segundo Imperio. Desde el exilio, Santa Anna le manda cartas a Maximiliano de Habsburgo diciéndole que le ofrece sus servicios como «protector de la patria, auxiliar de Alteza Serenísima, cojo real, o ya de perdida como mascota de la emperatriz Carlota», pero no cuela y lo mandan a la goma, luego intenta entrar a México por Estados Unidos en 1864, para ayudar a «la patria en peligro» contra los invasores europeos; los franceses lo agarran y lo exilian de nuevo. Tres años más tarde, cuando está por caer el segundo Imperio, los republicanos lo agarran de nueva cuenta intentando entrar a México por el puerto de Sisal, Yucatán; desde luego, una vez más viene como «protector de la patria» a proclamar la segunda independencia nacional y lo que surja; lo batean de nuevo al exilio.

Tras la muerte de Juárez, su enemigo acérrimo, el presidente Sebastián Lerdo de Tejada hace una amnistía en 1874 y López de Santa Anna puede regresar a México, tiene 80 años y una fortuna muy mermada; se instala en una casa en el centro y gasta lo que le queda de dinero en comprar piernas que le aseguran es la suya, la que fue saqueada de su monumento tras el triunfo de la «revolución» de Ayutla. Desde entonces las copias piratas hechas en Tepito eran una maravilla; don Antonio juntó varias piernas con la esperanza de que al morir fuera enterrado completo, para terminar su vida como un hombre íntegro, por lo menos en eso. Murió en 1876, a los 82 años de edad, y después de muerto le apodaron «el hombre araña», porque tenía ocho patas.

LOS DE LA DOCENA TRÁGICA

1835-1847

En un periodo de 12 años, entre 1835 y 1847, México tuvo 10 presidentes, además de Santa Anna, y algunos de ellos ocuparon el cargo dos o tres veces en ese lapso.

Los mandatarios de la República fueron:

Valentín Gómez Farías · Miguel Barragán · José Justo Corro · Anastasio Bustamante · Nicolás Bravo · Manuel de la Peña y Peña · Francisco Javier Echevarría · Valentín Canalizo · José Joaquín Herrera · Mariano Paredes y Arrillaga · Pedro María Anaya

En aquellos años, el último verso de la segunda estrofa del himno nacional cerraba poderosamente: *Uu-uun presidente interino en cada hijo te diooo*. En una docena de años, en la guerra contra Estados Unidos, perdimos Texas más otras extensiones de tierra que en total constituían la mitad del territorio nacional; todos los que pasaron por el gobierno contribuyeron con sus bajezas y pendejadas para lograr la segunda mayor catástrofe de nuestra historia, después de eso que llaman «Cuarta Transformación».

Sería fácil culpar a esos canallas de la pérdida de la mitad del territorio, pero con justicia hemos de reconocer también que fue gracias a ellos que pudimos conservar la otra mitad; los gringos no quisieron quedarse con todo el país que ya habían conquistado porque sabían que si hacían eso se iban a tener que quedar también con estos individuos, y, prácticos como son, calcularon que ese sería el peor negocio que podían hacer en su vida.

De todos estos presidentes hubo algunos que duraron apenas dos semanas; todos y cada uno de ellos recibieron el país más jodido que su predecesor, y eso que empeorar un país cuando solo tienes dos semanas gobernándolo está cabrón —el único que lo ha logrado en nuestros días es López Obrador—; otro rasgo común fue que todos intentaron resolver las broncas de la patria con una estrategia que sigue vigente hasta nuestros días: culpar al gobernante anterior e inventar nuevos impuestos, lamentablemente el problema que tenían los presidentes de aquellos años era que como duraban tan poco en el cargo no les alcanzaba el tiempo para aprenderse el nombre del político al cual tenían que echarle la culpa, sin embargo en el asunto de los impuestos México vivió su época de oro, y sin duda esa fue la generación de presidentes más prodigiosa que tuvimos para inventar pagos pendejos.

Tal vez esos personajes no tenían ningún proyecto de gobierno, pero ideas para cobrarles a los ciudadanos jamás les faltaron, fueron gobernantes dotados de una creatividad febril que siempre sorprendía a los contribuyentes y que nos sigue asombrando hasta la fecha. Eran hombres con un don especial para pedir dinero, esa fue la época en que se cobraron impuestos por tener ventanas, puertas, perros; escuchar música; tener jardín, macetas, servidumbre; por dar las gracias, por decir groserías, por generar sombra al salir a la calle de día, por dormir, por quejarse contra el gobierno, o por usar ropa interior. No hubo actividad humana que no pudiera ser gravada, y los fiscalistas de esos tiempos exploraron actividades humanas que jamás han vuelto a quedar en las categorías del SAT. La tragedia de los ministros de Hacienda de esos años fue que, a pesar de todos sus esfuerzos, gran parte del dinero nunca llegó, debido a que la mitad de los contribuyentes no pagaba y la mitad que sí lo hacía jamás pudo entregar la lana porque cuando les tocaba tributar, el gobierno había caído y no había quién cobrara.

Reseñar la «obra» de los 10 presidentes que tuvimos en estos años es como intentar ponerle un preservativo a un rinoceronte hembra: un trabajo duro, complicadísimo e inútil, así que mejor les voy a contar el que en mi opinión fue el hecho más curioso y relevante que se dio en la época de estos efímeros presidentes: el complot para volver a ser parte de España y mandar la independencia al carajo, ese fue el último intento de reconquista española para que México volviera a ser el reino de la Nueva España.

Como ustedes recordarán, la independencia se hizo en 1821 para que el culero del rey Fernando VII viniera a gobernarnos aquí y pudiera, desde el Zócalo, mentarles la madre a los liberales y a la Constitución de Cádiz. Así estaba dispuesto en el Plan de Iguala, pero el bribón del borbón no pudo venir porque precisamente los liberales españoles de la Constitución de Cádiz lo tenían agarrado de un lugar muy sensible y con una pistola apuntándole a la frente. Como Nueva España era libre y se quedaba sin gobernantes, tuvimos que hacer nuestro propio gobierno independiente, el primer Imperio mexicano, creado formalmente el 21 de julio de 1822, con la coronación en catedral de Agustín I; pero en abril de 1823, en España, otra invasión francesa promovida por Fernando VII acababa con el gobierno liberal y con la Constitución de Cádiz, y para octubre Fernandito era de nuevo el monarca déspota y absoluto que siempre soñó, listo de nuevo para hacer lo que se le hincharan sus muy azules y aterciopeladas gónadas. ¡Nos salvamos por los pelos de haber sido gobernados por ese granuja! Otra hubiera sido la historia de México. Si Iturbide se tarda un poco más en hacer su imperio no hubiera existido impedimento alguno para que Nandito viniera a México, y como él era también rey de España, habríamos vuelto a quedar unidos dentro del

Imperio español, pero así es la vida, cuando hay para carne es vigilia. Ya se sabe, es mejor llegar a tiempo que ser invitado, y Fernando VII fue el invitado que jamás llegó, y si se hubiera presentado después le habríamos dado con la puerta en la nariz, porque en 1824 México ya era una república.

De regreso a España:

El inútil del rey Fernando VII se enfrenta por primera vez en su vida a lo más parecido al trabajo para un noble, tener hijos, ya se sabe: «sin tetas no hay paraíso», sin descendencia no hay monarquía. Don Fer hace enormes esfuerzos por tener un hijo varón a quién heredar la Corona, pero se la pela y tiene solo hijas; ni eso pudo hacer bien, y eso que se casó cuatro veces para que intentos no le faltaran. La ley sálica le impide que alguna de sus hijas pueda heredar el trono, así que su hermano Carlos empieza a zopilotearlo, pues en caso de que el rey quede sin descendencia, a él le correspondería heredar los restos del Imperio español, que para entonces era como el Melate pero en reversa, en lugar de: «Más lo que se acumule esta semana», era: «Menos lo que se pierda esta semana». Fernando VII de plano ve que su salud ya no le da para hacer un hijo, ni otra hija, y en 1830 saca un decreto que de forma muy mamona, como todo lo que hacen los reyes, llama: *La pragmática ley*, donde deja abolida la ley sálica para que su hija mayor herede el trono; pero la Iglesia se la hace de tos y le dice que por eso se va a ir al infierno cuando muera, la amenaza cala y saca otro decreto que llama: *La sagrada ley*, en que vuelve a poner la ley sálica y deroga la *pragmática*, y esto lo hace varias veces según como se sienta de salud y lo que le importe en ese momento: la sucesión del trono o la salvación de su alma; finalmente, en el momento en que le sorprende la muerte, en 1833, la ley pragmática era la vigente y es su hija Isabel la que hereda la Corona a la edad de tres años, y esto por supuesto desata una nueva guerra civil entre el tío Carlos, que dice ser el legítimo heredero al trono, y su sobrina, que tiene doble impedimento, por ser una niña y por tener tres años. Así empezó la primera guerra carlista.

Mientras, en México:

Como ya hemos comentado, estamos hechos un desmadre de proporciones bíblicas y ya nada más falta que nos orine un perro sarnoso; los mexicanos empezamos a comprobar que con nuestros bueyes nomás no se puede arar y la nostalgia idealizada por el orden colonial empieza a calar profundo… empezamos a recordar a nuestra ex… y tenemos la tentación de volver a llamarle, son esos momentos de flaqueza que de plano colindan ya con la bajeza, y nos preguntamos… «Si le hablo nomás para preguntarle si también son las tres de la madrugada en su casa, no sospechará que estoy desesperado por volver con ella, ¿verdad?».

Pero, en España:

En 1836 España por fin reconoce nuestra independencia con un documento que lleva el tremendo nombre de *Tratado Definitivo de Paz y Amistad entre México y España*, que parece que fue redactado por el guionista de un *date-show* porque una de sus cláusulas dice que «ambas naciones se comprometen para siempre a olvidar todos los agravios pasados para en adelante respetarse y apoyarse mutuamente, pues entre ambos países solo hay lazos de amor por un glorioso pasado compartido que a ambas partes enorgullece». Nuestra acta de divorcio con España fue mucho mejor que nuestra acta de matrimonio, y este tratado nos cae de perlas porque en ese momento Texas ya se nos había salido del huacal y arreglar nuestras broncas con España nos quitaba la enorme preocupación de que se abriera otro frente por una reconquista ibérica. El tratado fue firmado por Isabel II, que para entonces contaba ya con seis añitos y podía más o menos escribir su nombre; por supuesto su tío Carlos desconoce el tratado y lo exhibe como una más de las traiciones a España de su pinche sobrinita buena para nada, y la acusa de ser la autora de la pérdida de la Nueva España, ya que Fernando VII, el papá de la niña, jamás reconoció la independencia de México, y esto le echa más gasolina al fuego de la guerra carlista.

Y en México:

Desde que empezamos nuestra independencia, las broncas se agravaron y esto hizo que las ganas de llamarle a nuestra ex a las tres de la madrugada para preguntarle *qué horas son en su casa y decirle que no podemos vivir sin ella*... se volvieran una pulsión constante para muchos mexicanos.

En 1845 Mariano Paredes y Arrillaga da un cuartelazo contra Santa Anna, pero es José Joaquín Herrera el que captura a don Antonio, y por este detalle él queda de presidente. Como siempre, nadie sabe para quién se subleva, pero los dioses, que hasta donde hemos visto odian a los mexicanos, le dan una segunda oportunidad a Marianito. Herrera le encomienda la defensa de la frontera de México con Estados Unidos, porque los gringos se están poniendo en un plan cada vez más violento y mamón; le da tropas, dinero, armas y provisiones, pero en el camino Mariano lo piensa mejor y se regresa a la capital y con ese ejército corre a su jefe de la silla presidencial y con el lema de: «Orden y monarquía» inicia su gobierno. Esto nos da una idea de lo que se proponía, lo cierto es que Paredes y Arrillaga ya se había puesto en contacto con los españoles y tenían un plan perfecto para que México volviera a formar parte del Imperio español.

Porque en España:
Isabel II tenía ya 15 años y como buena adolescente era un prodigio para la manipulación, así que en acuerdo con Mariano Paredes hace un pacto con los siguientes puntos: *1)* se disuelve el Congreso y se convoca a uno nuevo hecho con puros monárquicos; *2)* el Congreso monárquico dice: «¡Oh! ¿Y ahora quién podrá defendernos?», y ofrece el trono de México a Carlitos, el tío de la muchacha; *3)* don Carlos de Borbón dice: «¡Yo!», y es enviado a México para ser emperador de la Nueva-Nueva España; *4)* españoles y mexicanos volvemos a estar juntos en dos reinos separados e independientes pero que están unidos por la sangre de la misma familia real, y así todos vivimos felices comiendo perdices.

Después de todo la independencia de México se había hecho para que Fernando VII viniera a gobernarnos, esto nunca se pudo concretar, pero si en lugar de él nos mandaban a su hermano era casi lo mismo, incluso mejor, porque la verdad Carlos de Borbón era menos culero que Fernando, y eso no es hablar bien de Carlos, lo que pasa es que un HDP como Fernando VII la verdad es un fenómeno que solo se da cada mil años.

Si este plan se ejecutaba correctamente, Isabel II se quitaba a su pinche tío de encima y se acababan de una vez por todas sus intentos de quitarle el trono, y de paso se reintegra México al Imperio español conservando su independencia —algo como lo que pasa ahora con Puerto Rico y Estados Unidos—, ¿y qué ganábamos los mexicanos con esto? Supuestamente: la monarquía, pues como un rey dura hasta que se muere, eso era garantía de continuidad en el poder, y así dejaríamos de estrenar presidente cada semana; pero el plan tenía un error. Los españoles ignoraban que los mexicanos también podíamos matar un rey cada semana para estrenar otro, como le hacíamos con los presidentes. Por aquellos años existía la tesis de que la república era la causa de todos nuestros males y que, ante el desastre que padecíamos, la restauración del imperio y la unidad con España eran una opción tan buena como usar calzoncillos con escapularios para tratar las hemorroides —método muy común para este tipo de enfermedades durante el siglo XIX—, además, decían los entusiastas de la restauración monárquica, con esto de paso se conseguiría el respaldo de las «potencias» europeas contra Estados Unidos.

Efectivamente, los mexicanos estábamos a punto de hablarle a nuestra ex para pedirle perdón y llevarle serenata cantándole la de: «yo sé perder, yo sé perder, quiero volver, volver, vooooolver». Es menester subrayar que esta conspiración era organizada por un gobierno que había firmado con México un tratado de paz y amistad que es una verdadera carta de amor, y que este complot lleno de traiciones fue aprobado por una linda niña de ¡15 años!

Fernando VII fue conocido como el rey felón porque traicionó siempre a todos, y su hija a esa corta edad ya era una hija de su felona madre, Isabelita había demostrado que estaba lista para pasar al siguiente nivel como intrigante profesional, se casó a los 16 años.

Jamás sabremos si ese complot hubiera terminado en una apasionada reconciliación o en una separación aún más violenta, porque cuando Paredes y Arrillaga lo tenía todo listo y planchado empezó la guerra con Estados Unidos y a los españoles les dio frío y dejaron el asunto para mejor ocasión.

Como toda bajeza de familia, esta intriga secreta se conoció muchos años después gracias a que durante la segunda república española se hicieron públicos muchos de los archivos clasificados de la familia real española.

José Joaquín de Herrera

12 de septiembre-21 de septiembre de 1844
6 de diciembre de 1844-30 de diciembre de 1845
2 de junio de 1848-15 de enero de 1851

No hay en la historia de México un presidente al que le haya tocado una peor época para gobernar el país. Los tiempos de su administración fueron sin duda los peores de nuestra historia política y no por eso quiero justificar lo que hizo, al contrario, si en momentos de bonanza un pendejo en la presidencia puede echar todo a perder, imaginen lo que en épocas de crisis puede hacer alguien con estas características; el peor escenario siempre puede empeorar y cuando ya estás en el infierno descubres que se pueden descender más escalones.

La primera administración de José Joaquín fue un interinato, el general Valentín Canalizo, presidente electo por el democrático método del más reciente cuartelazo para quitar a Santa Anna del poder, no estaba en la capital, así que en lo que llegaba, el señor de Herrera se encargó de calentarle el lugar durante nueve días. Lo más sobresaliente de su primer gobierno fue que le tocó presidir las fiestas de la Independencia en 1844, que entonces consistían en un sencillo discurso la mañana del 16 de septiembre y sin grito, sin pambazos, sin tequila; celebrar el Grito sin gritar fue lo mejor que hizo como presidente.

Su segundo mandato comenzó ese mismo año, el 6 de diciembre, por lo que podemos concluir que el pobre de Valentín Canalizo fue presidente solo un par de meses. Esta vez, la llegada de Herrera a la silla presidencial se debió a otro cuartelazo, impulsado por el general Paredes y Arrillaga para sacar a... ¡Santa Anna! —a ver, Santa Anna era como la humedad, se metía por cualquier lado y para quitarlo era necesario destruirlo todo—, y es Herrera quien por casualidad captura a *Su Serenísima* y como si fuera gripe, este le contagia la presidencia. Paredes y Arrillaga se sintió como el güey que pone la casa y hace la fiesta para invitar a la chica que le gusta y al final otro se la lleva y se la coge, sobra decir que le agarró una ojeriza a Herrera como solamente el Peje se la tiene a Calderón.

En esta ocasión, José Joaquín mantuvo el poder durante casi un año, una verdadera hazaña para la época. Sin embargo no fue fácil; en esos meses le tocó el muy mal *yuyu* de que la República de Texas salió del clóset y se anexó a Estados Unidos, por lo que México rompió relaciones con los gringos y se preparó para lo peor. El presidente Herrera, al ver la cercanía de los trancazos, reunió con muchos sacrificios un enorme ejército y puso como su comandante a Paredes y Arrillaga, al cual le dio la orden de proteger la frontera del norte, pero Herrera usó su ejército para... sacarlo del poder y quedarse con la presidencia en diciembre de 1845. Hay que decirlo, no era necesaria la invasión gringa, solitos éramos capaces de perder más de la mitad del país.

Darle a su peor enemigo prácticamente todo el ejército fue una pendejada de récord Guinness por parte de José Joaquín de Herrera, pero las que cometería en su siguiente gobierno nos demuestran que jamás debemos subestimar la capacidad humana para superar sus errores.

En lo que respecta a Mariano Paredes y Arrillaga, ni tiempo tuvo de saborear su triunfo; unos meses después de que llegó al poder, Estados Unidos nos declaró la guerra y se tuvo que ir corriendo a buscar a Herrera para que regresara a ocupar la presidencia y se hiciera cargo de la bronca; este, por supuesto, lo mandó al carajo.

Pasada la tragedia de la guerra con Estados Unidos, el siguiente mandato presidencial de José Joaquín de Herrera fue la demostración de que en ese momento no había alguien más pendejo que él en todo México.

José Joaquín de Herrera

La tercera vez que José Joaquín llegó al poder fue en 1848, las tropas gringas acababan de salir del país y en la cocina de Palacio Nacional el sartén donde el general Scott se había hecho sus hot cakes aún estaba caliente; nadie quería ser presidente, pues eso era como aceptar una herencia de puras deudas —o una cena romántica con Félix Salgado Macedonio—, y también, hay que decirlo, nadie quería el puesto entre otras cosas porque existía la enorme probabilidad de que México dejara de existir en cualquier momento. Por primera vez nadie quería ser presidente, así de jodida estaba la cosa; una comisión del Congreso fue a buscar a José Joaquín de Herrera a su casa para pedirle que por favor se encargara de dar la cara por el Estado mexicano y asumir el cargo; este prócer, viendo la grave circunstancia en que se encontraba la patria, hizo lo que cualquier mexicano hubiera hecho: les cerró la puerta en las narices, pero la comisión era obstinada, y además no encontraban a nadie más para proponerle ser el conductor designado del coche bomba que era el país, y como testigos de Jehová regresaron varias veces a su casa para ver si lo agarraban distraído y lo reclutaban. La tercera vez que la comisión fue a visitar a José Joaquín le llevaron un argumento inobjetable: «Había presupuesto». ¡Por primera vez, desde la independencia nacional, el gobierno iba a tener dinero!

Resulta que los gringos iban a pagarnos una indemnización; la guerra de México con Estados Unidos ha sido la única en la historia del mundo donde el que gana indemniza al que pierde —así tendrían la conciencia por lo que hicieron esos cabrones—, y deseoso por saber lo que se siente cobrar una quincena por trabajar en el gobierno, José Joaquín de

Herrera aceptó ser presidente. Durante este tercer gobierno hace fama de ser un hombre honesto y austero, ya que todas las comidas las manda traer desde su casa a Palacio Nacional, más tarde se supo que esto no lo hizo para ahorrarnos dinero sino por temor de que lo envenenaran.

José Joaquín era lo que se conoce como un pendejo sabio, ya que era capaz de aprender de los errores cometidos, pero solo para superarlos con una pendejada más grande, así que tras la traumática experiencia de haberle dado el ejército a Mariano Paredes y Arrillaga, que terminó traicionándolo, hizo que nombraran como ministro de Guerra al oficial que había demostrado ser el comandante más incompetente durante la guerra con Estados Unidos, el general Mariano Arista, pensando que si este también se sublevaba con todo el ejército no tendría la menor oportunidad de triunfar, pero lo subestimó, Herrera sí le entregó la presidencia a Mariano Arista, pero tras las elecciones, en 1851.

Mariano Arista

15 de enero de 1851-5 de enero de 1853

José Mariano Martín Buenaventura Ignacio Nepomuceno García de Arista Nuez, a quien por motivos prácticos llamaremos solo Mariano Arista, nació en San Luis Potosí en 1802. Su padre era coronel español del ejército colonial y su mamá era poblana, que es como ser general de cinco estrellas. Con solo ocho añitos, lo sorprendió nuestra larguísima guerra de Independencia, y para cuando concluyó, Mariano tenía ya 19 años y era cadete del Regimiento Real de Lanceros, pues su padre le ayudó para que entrara en el oficio familiar: el ejército español; sin embargo, en 1821 Mariano cambia de bando y se pone a las órdenes del emperador Iturbide, y de cadete llega a general brigadier del ejército mexicano, lo cual nos da una idea de las equivalencias en cada una de las fuerzas armadas.

Años más tarde es enviado a combatir a los rebeldes texanos y Mariano empieza rápidamente a cagarla de manera espectacular, al punto de que es cesado como comandante en la zona de conflicto, pero como suele ocurrir en el gobierno de México con todos los que demuestran su incompetencia, en lugar de mandarlos a la goma se les premia dándoles un puesto de mayor responsabilidad para que puedan empeorarlo todo, así que al empezar la guerra con Estados Unidos lo nombran encargado de los Ejércitos del Norte, donde sus desastrosas y ridículas derrotas le ganan una muy merecida reputación de pendejo *alfa*.

Durante la batalla de «La resaca de Guerrero» —un nombre fatal para presentar combate—, ni siquiera salió de su tienda de campaña para ver cómo iba la batalla y dónde estaba el enemigo, muchos creen que porque no estaba rasurado y ¿qué iba a pensar el enemigo si lo veían peleando en esas fachas? Tras la derrota, Mariano fue de nuevo relevado, pero el gobierno del presidente Herrera, que se encargó de administrar el desastre que dejó la guerra con Estados Unidos, lo vuelve a meter en el presupuesto y lo nombra ¡ministro de Guerra!, para darles la certeza a los gringos de que México no iba a intentar recuperar el territorio perdido.

Mariano Arista fue uno de los 15 candidatos de la contienda electoral de 1850, y contra todo pronóstico, era de los más populares, lo cual no habla necesariamente muy bien de él, sino pésimo de los otros aspirantes, y entre ellos estaba, desde luego... sí, adivinaron, Antonio López de Santa Anna, quien como no tenía cara para presentarse después de la guerra con los yanquis, le había dejado encargada su campaña electoral a su abogado, el licenciado Juan de Dios Cañedo, para que le buscara votos entre los ciudadanos mientras él veía si se animaba a venir a México. A este abogado ya también le había encargado su boda por poderes con la que fue su última esposa, la jovencísima señorita Dolores Tosta, por lo que a Cañedo lo apodaron «el Novio sin Novia» o «el Esposo Interino». Como candidato representante-temporal-emergente de López de Santa Anna, el licenciado Juan de Dios Cañedo se dedicó a hacer lo normal en cualquier campaña: joder a todos los otros candidatos, y en especial lo hizo con Mariano Arista, recordando el papelón que hizo en la guerra con Estados Unidos, aunque la verdad su representado Santa Anna no estaba mucho mejor que Arista en ese sentido, pero las campañas electorales son 99% gritar que se encontró la paja en el ojo ajeno y no ver la viga en el propio, ya que su estrategia electoral era vender que la culpa de la derrota militar fue de Arista y no de su cliente, lo que ahora hace el Peje con su: «Pero el PRIAN robó más». Y así se la pasó jodiéndolo un día sí y al otro también hasta que el Jueves Santo de 1850 Cañedo apareció brutalmente asesinado en su habitación del hotel de La Gran Sociedad, nada más con 76 puñaladas, las cuales habían sido dadas con tal violencia que además le habían roto varios huesos, y provocaron que el cuchillo con el que lo mataron se rompiera en tres partes.

La muerte de Cañedo enlodó la campaña de Arista, pues todos decían que él era la única persona en el mundo que podía odiarlo tanto como para cometer ese crimen —yo la verdad habría tenido como primera sospechosa del asesinato a la señorita Dolores Tosta, pues por culpa de Cañedo terminó casada con Santa Anna—, la imputación se hizo mayor cuando los periódicos publicaron que lo único que robaron de la habitación de Cañedo fueron documentos, y después insinuaron que ahí estaban las pruebas de que Mariano Arista se había vendido a los gringos en la guerra y por eso perdió todas sus batallas —igual que las perdió Santa Anna—.

Se armó el escándalo y la condena pública, Arista se desinfló y su campaña colapsó, pero en junio, justo pocas semanas antes de las elecciones, encontraron en Tacubaya a un tipo con una camisa que tenía bordadas las iniciales de Juan de Dios Cañedo, y esto les permitió dar con los tres ladrones que cometieron el homicidio para robar el dinero de la campaña de Santa Anna, que nunca encontraron. El gobierno mandó colocar un cadalso frente al balcón de la habitación del hotel donde asesinaron a Cañedo y ahorcó a los culpables en un bonito acto público al que asistió *tout Mexique*, y como siempre pasa en México, donde los políticos pasan de héroes a villanos y viceversa de un día para otro según los cambios hormonales de la opinión pública, esta ejecución impulsó la campaña de Arista, quien se vendió como «la pobre víctima de un crimen que no cometió», y eso le bastó para que el electorado se volcara a votar por él, dándole una contundente victoria en las elecciones de septiembre de 1850.

A favor de Mariano Arista podemos decir que fue uno de los pocos presidentes del siglo XIX que llegaron al poder por una elección, y en su contra podemos decir que gobernó tan mal que provocó que otro cuartelazo terminara con su gobierno en 1853, aunque la verdad en esos años hubiera gobernado como hubiera gobernado el cuartelazo iba a ocurrir tarde o temprano. Arista nombra presidente interino a quien entonces presidía la Suprema Corte de Justicia, Juan Bautista Cevallos —con el acuerdo hecho y ratificado por el Congreso de quedarse un año para concluir el periodo presidencial— y le encarga organizar nuevas elecciones y apagar la luz y sacar los frijoles que dejó en la lumbre en Palacio Nacional porque él ya se tiene que ir corriendo para que no lo maten, pero Cevallos es destituido a los pocos meses y le deja el cargo de presidente al general Lombardini, a quien le encarga lo mismo que le encargó Arista.

Lo único memorable de la administración de Mariano Arista fue que mandó poner una nueva puerta al Palacio Nacional, la famosa Puerta Mariana, la remodelación de Palacio fue la única obra pública hecha durante su administración.

La Puerta Mariana es la puerta principal de Palacio Nacional, que ahora siempre atacan en las manifestaciones porque ahí vive el presidente, así que quién sabe cuánto más nos dure, y es que como dice la canción: «Pero la puerta no es la culpableeeeeee».

Tras dejar el poder, Mariano Arista partió al exilio a Europa, murió en Portugal en 1855 y su cuerpo fue enterrado en ese país, pero pidió que su corazón fuera llevado a México. En el siglo XIX los trasplantes de corazón eran de un país a otro.

Ignacio Comonfort

11 de diciembre de 1855-21 de enero de 1858

Como vimos antes, Santa Anna es derrocado en 1854 por la revolución de Ayutla y los liberales radicales llegan al poder; estos restauran una vez más la Constitución de 1824, hacen una junta de gobierno provisional e imponen a un presidente de su grupo: Ignacio Comonfort.

Nacho era un poblano que empezó a estudiar derecho porque, como como muchos políticos, pensaba que esa era la carrera que lo acercaba más a su verdadera vocación, pero en sus tiempos, para entrar a la grilla la verdadera plataforma política era el ejército, así que dejó la carrera de Derecho y se enlistó en las tropas de Santa Anna para derrocar con un cuartelazo al presidente Bustamante. A partir de allí, comenzó una fulminante trayectoria como servidor público y representante popular, alternado huesos como diputado con otros puestos en la administración pública, que lo llevaron a ser el director de la Aduana de Acapulco, donde conoció al general Juan Álvarez, el cacique dueño de lo que es hoy el estado de Guerrero, y a tal punto era dueño que creó la entidad para poder gobernar el territorio donde solo sus chicharrones tronaban.

En 1849 Álvarez consigue que el presidente Herrera impulse su idea de crear un nuevo estado con territorios del Estado de México, Puebla y Michoacán; así surge el estado de Guerrero y el general Juan Álvarez fue su primer gobernador, de hecho para eso lo crearon: para poder legalizar que quien gobernaba esa zona del país en realidad era él. Álvarez siempre declaró que no tenía dinero y, como el Peje, puso esto en cuanto documento redactó, no importaba que fuera la lista del mercado o grafitis en las paredes del baño. Esto le dio una reputación de hombre honesto; por alguna extraña razón, en México se tiene el perverso cliché de que el político pobre debe ser honesto, pero todos los políticos solo fingen ser pobres para no pagar impuestos. Con Álvarez empezó la larga tradición de los políticos que declaran y publican que no tienen ni en qué caerse muertos, pero cuando se mueren tienen que quitarles con unas palas las monedas de oro que se les quedaron pegadas para que puedan entrar en el ataúd.

Tras el triunfo de la revolución de Ayutla, el general Álvarez es colocado como presidente interino, y al irse de regreso a Guerrero deja en el puesto a Ignacio Comonfort, que era como su mascota favorita, y le encarga organizar un congreso liberal con la encomienda de redactar una nueva constitución que ahora sí, de veras, en serio, neta, logre librarnos de todos los males. Las constituciones son el gran placebo de los Estados fallidos, y cada vez que las cosas se joden, los políticos salen con el viejo truco de hacer una nueva que ahora sí va a remediarlo todo. Finalmente, el Congreso hace esta carta magna en 1857 y es presentada el 5 de febrero, día de San Felipe de Jesús, el primer santo mexicano; fecha que después del 12 de diciembre, día de la virgen de Guadalupe, era la más importante del país. La idea era montar sobre el culto a San Felipe de Jesús el culto a la nueva Constitución, así como en el pasado los evangelizadores españoles montaron el culto a los santos católicos haciendo que coincidiera con el festejo a las deidades indígenas. Si a los conquistadores les había funcionado cambiar el culto a Tláloc por la celebración del día de la Santa Cruz, ¿por qué a los liberales no les funcionaría cambiar a San Felipe de Jesús por el día de su constitución? Con la carta magna de 1857 los liberales radicales iban a tocarle de nuevo los huevos a la Iglesia católica, ¿qué podía salir mal?... Todo.

Otros datos:

en mi humilde opinión, el día de la Constitución, el 5 de febrero, nos hizo más milagros que San Felipe de Jesús, porque ese día no se trabaja. Por cierto, el expresidente Calderón se llama Felipe de Jesús en honor a este santo mexicano, el primero que tuvimos; el segundo fue el Santo, el Enmascarado de Plata.

La nueva Constitución de 1857 no fue tan nueva, pues en esencia era la misma Constitución de 1824, más las Leyes de Reforma. El cambio fue como cuando en la primaria tu mamá parchaba los pantalones del uniforme y te decía: «Quedaron como nuevos». Con la nueva Constitución, los liberales ya no tienen pretextos para seguir dilatando las elecciones, así que convocan a los primeros comicios para elegir presidente para el nuevo régimen; la gran novedad electoral de esta flamante carta magna fue que ante la imposibilidad del presidente para gobernar, en lugar de que el vicepresidente tomara el poder, el presidente de la Suprema Corte de Justicia ocuparía la silla presidencial. Todo esto para terminar de una vez por todas con la fea costumbre de que el vicepresidente quisiera derrocar al presidente, y así, en cambio, se inició la fea costumbre de que el presidente de la Suprema Corte de Justicia quisiera derrocar al presidente.

Como siempre pasa cuando los revolucionarios organizan elecciones, gana el que ya había ganado, así que Comonfort, que ya era el presidente, asumió la presidencia, se felicitó a sí mismo por haber ganado y cooperó consigo mismo para hacer una pacífica y civilizada transición de poderes. Por cierto, para esas elecciones el Partido Conservador estuvo prohibido, así que, siendo honestos, esas elecciones fueron como una consulta a mano alzada del Peje con los miembros de su club de fans. Con el gobierno de Ignacio Comonfort comenzó el *culto a la Constitución*, que se volvió «el Corán de los liberales»; la Constitución de 1857 se enfrentaba directamente con la Iglesia católica, pues sus leyes estaban hechas para quitarle la enorme riqueza que había acumulado. Como siempre, la solución del gobierno a la pobreza del país fue quitarle la riqueza a quien la tenía, nunca generarla —con esos liberales, ¡para qué queremos socialistas!—. Al día siguiente de la publicación de la Constitución de 1857, el 6 de febrero, el arzobispo decretó excomunión contra los que la obedecieran, pero como los liberales calculaban que esto iba a pasar, pusieron en las letras chiquitas de su carta magna que era obligatorio obedecerla para los militares y la burocracia, dejando con esta aclaración la terrible prerrogativa de que fuera opcional obedecer la Constitución para el resto de los mexicanos, así redactaban los constituyentes de esa época... y de ahora.

Es entonces cuando se da el primer gran enfrentamiento entre chamanes: por un lado, los sacerdotes del antiguo culto colonial católico y, por el otro, los abogados laicos del culto liberal de la Constitución de 1857; a cada excomunión de los curas, los abogados la contrarrestan con una nueva ley; a cada cita bíblica de los curas sobre las condenas de Dios para el gobierno, los *abogatos* sacan una nueva interpretación legal para hacerles más pesada la vida a los curas, y como en Twitter, la bronca escaló y escaló, radicalizando a los dos bandos.

Comonfort sufría los embates de la opinión pública —como todos los presidentes mexicanos—; sobre todo lo criticaban porque vivía en Palacio Nacional con una mujer que no era su esposa; este adulterio del presidente fue hábilmente usado por los curas para subrayar una razón más por la cual todos los integrantes de su gobierno se irían al infierno, y prohibieron que la concubina de Nacho fuera a misa y pudiera comulgar. La presión social hizo crisis y su vieja se la hizo de tos al presidente, le dijo que por su culpa se iba a ir al infierno y que la había dejado atorada entre dos espadas, por un lado ella le reclamaba que ya no se podía casar con nadie, ni tampoco él, pues entonces no existían el divorcio ni el matrimonio civil, y Nacho no podía zafarse de su esposa; además, como se había peleado con la Iglesia, jamás le iban a hacer el trámite del divorcio religioso, y empezó a presionarlo con eso de: «Tú no me quieres, porque si me quisieras...», lo de «No me pasa nada...» y aquello de «Pero tú no te vas de aquí, Ignacio, ¡hasta que se me pase que no me pasa nada!». Entre todo aquello y las presiones de la presidencia, el pobre hombre se quebró y el 17 de diciembre de 1857 se unió al Plan de Tacubaya, hecho nada menos que en el Palacio Arzobispal de ese lugar, donde el general Félix María Zuloaga y el mismo presidente Comonfort desconocían la Constitución que apenas unos meses atrás habían jurado.

En México pensábamos que ya lo habíamos visto todo, pero Comonfort vino a subir el nivel del desmadre de ingobernabilidad dándose un autogolpe de Estado para seguir en el poder, y de esta manera dejó de ser presidente liberal para convertirse en presidente conservador, algo que ni Santa Anna hubiera hecho. Con esto, todo el régimen liberal colapsó y todo en el gobierno se volvió un «¡Y yo qué sé!» y el Estado mexicano se puso como tu computadora cuando sale la ventanita de *Windows no puede procesar*. Por un lado, Benito Juárez alegaba que en ausencia del presidente él tenía que ser el nuevo presidente, pues según la propia Constitución de 1857, a falta de presidente, le tocaba entonces el cargo al encargado de la Suprema Corte de Justicia, pero Comonfort lo reconvino diciéndole: «¿Cuál ausencia del presidente? ¡Aquí estoy!», a lo que Juárez alegaba: «Ya no está vigente la Constitución con la que usted fue electo y juró hacer cumplir y por eso ya no es presidente». Comonfort se defendía con un argumento constitucionalista inapelable: «Pues tú tampoco tienes ya esa Constitución porque yo la abolí, Benito, ¡así que mucho menos puedes tú ser presidente!», a lo que Juárez replicó con una brillante lógica jurídica: «Bájale de huevos, pinche gordo, porque si quiero solo le hago caso a la Constitución del 57 y te desconozco»; Comonfort, que también era un gran abogado, le argumentó: «Pues bríncale, pinche chaparro», y así…

Como este debate de interpretaciones constitucionales podía dilatar varios años, Comonfort optó por hacer uso de un recurso legal para zanjar definitivamente la polémica y metió a Juárez a la cárcel, pero para el 3 de enero de 1858, ¡tres semanas después de haber iniciado la «revolución» del Plan de Tacubaya!, el general Zuloaga decidió que ya no le gustaba la corbata que usaba el presidente Comonfort y le exigió su renuncia.

Nacho había perdido el apoyo de sus cuates liberales por haberlos traicionado y ahora se daba cuenta de que jamás tuvo el apoyo de los conservadores, que siempre lo vieron como un enemigo, y lo peor es que se dio cuenta de que si los conservadores le estaban poniendo una pistola en la cabeza para correrlo, lo del trámite de su divorcio eclesiástico para poder casarse con su *detalle* que tenía en Palacio Nacional ya era más difícil que cuando tenía vigente la Constitución del 57, porque ahora ya no tenía nada con qué negociar. Consciente de que se había vuelto el nuevo leproso de la política mexicana y que no le quedaba otra que salir por patas, todavía alcanzó a hacer algo para vengarse de Zuloaga y los conservadores con el poco poder que le quedaba: antes de huir hacia Estados Unidos liberó a Juárez y a otros liberales que había mandado encarcelar. Con esta última gracia de Comonfort, los liberales tienen a su presidente legítimo, Benito Juárez, por mandato de la Constitución de 1857, y los conservadores tienen a Zuloaga, su presidente legítimo, por el triunfo del Plan de Tacubaya de 1857. Ahora, si sumamos a Comonfort, el legítimo presidente electo en 1855, tenemos en 1858 a tres presidentes y un solo país, este es el inicio de la Guerra de Reforma.

Tras la intervención francesa, Comonfort pide permiso para regresar a México a luchar contra los invasores y los liberales cometen la pendejada de nombrar general de los ejércitos del centro a alguien como él. Si en tiempos de paz fue pusilánime, traicionero e indeciso, en tiempos de guerra una personalidad así solo podía generar resultados mucho peores, y así fue, bajo su mando las tropas liberales sufrieron solo derrotas desastrosas, hasta que afortunadamente un grupo guerrillero conservador les hizo el favor a los liberales de matar a Comonfort en una emboscada el 13 de noviembre de 1863, porque si no, seguramente los hace perder la guerra.

CUATRO PRESIDENTES CONSERVADORES

1858-1860

Félix María Zuloaga: 23 de enero-24 de diciembre de 1858 · Manuel Robles: 24 de diciembre de 1858-21 de enero de 1859 · José Mariano Salas: 21 de enero-2 de febrero de 1859 · Miguel Miramón: 2 de febrero de 1859-13 de agosto de 1860

Durante la Guerra de Reforma tuvimos cuatro presidentes conservadores, y si sumamos a los dos liberales que teníamos por el otro bando, en tres años tuvimos cinco presidentes, y de todos ellos no se hacía uno.

La verdad, los conservadores pudieron haber ganado la guerra civil y la historia de México habría sido otra: todas las calles que hoy se llaman Benito Juárez se llamarían Miguel Miramón, y en lugar de que los conservadores se hubieran ido a buscar a un príncipe europeo para que viniera a gobernarnos, habrían sido los liberales los que se hubieran ido a buscar al presidente gringo para ofrecerle el país como Estado libre asociado, al estilo de Puerto Rico, para fregarse a los conservadores, pero los conservadores fueron absolutamente derrotados... ¡por los conservadores!

Las cuatro presidencias de este bando demuestran que los conservadores tenían muchos problemas, pues cada uno llegó por un cuartelazo en contra de sus propios camaradas, esto nos da una clara idea de que los conservadores no podían conservar ni la calma.

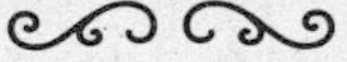

El primero en llegar al poder fue Félix María Zuloaga, que se chamaqueó a Comonfort y lo sacó de la presidencia. A Zuloaga le tocó iniciar la guerra civil contra Juárez y sus liberales, que se la pasaban huyendo a salto de mata por todo el país. Don Félix iba ganando la guerra con amplitud, pues el joven comandante que había designado para dirigir al Ejército conservador era realmente brillante, audaz y valiente, se llamaba Miguel Miramón y ganaba sistemáticamente todas las batallas contra los liberales, era tan *pentapichichi* de los trancazos que los de este partido le llamaron «El Joven Macabeo», pues en la Biblia se refiere la historia de un tal Judas Macabeo que lideró una guerra civil entre los judíos, pues unos habían abrazado las costumbres griegas y habían asimilado tanto aquella cultura que hasta celebraban olimpiadas, mientras que los judíos tradicionales, que abominaban este tipo de contaminaciones griegas, se dedicaron a exterminar a esos judíos helénicos, así que en una guerra civil en la que la tradición luchaba contra la modernidad, el apodo le venía bordado.

Miguel Miramón estuvo a punto de ganar la guerra civil, pero en diciembre de 1858 el ministro de Guerra conservador Manuel Robles le dio un cuartelazo al presidente Zuloaga con el Plan de Navidad, pues ese día le dijo al presidente que Santa Clos le había dejado de regalo una bala en la cabeza; Zuloaga decidió que la bala no era de su talla y prefirió dejarle la presidencia a Manuel Robles. Al enterarse Miramón de que Robles había corrido a su jefe, deja el frente y va con sus tropas a la capital para partirle la madre al nuevo presidente conservador, desde luego de una manera muy conservadora, pues todos eran de este partido. Aprovechando el viaje, el jefe militar de la capital del partido conservador, José Mariano Salas, al que le quedaba más cerca el Palacio Nacional, se pronuncia contra Robles y lo saca rápidamente de la silla presidencial picándole las nalgas con una bayoneta. En total, Manuel Robles solo estuvo en el poder 28 días; Salas se sienta en la silla presidencial durante dos semanas y para cuando llega Miramón con su invicto y enorme ejército decide cederle el gobierno.

El 2 de febrero de 1859 Miramón llega a la presidencia con 26 años de edad, y hasta la fecha es el presidente más joven de la historia de México. Oficialmente, Miramón fue a restituir a Félix María Zuloaga, pero ya sentado en la silla como que se le olvida para qué había ido a Palacio Nacional y se queda de presidente un año y medio; de hecho, jamás recibe a Zuloaga, que lo va a buscar varias veces para que le devuelva la presidencia, y la verdad lo debió haber hecho, porque la presidencia fue lo que lo perdió, como a muchos.

Miguel de Miramón era un joven temerario hecho para la acción y los trancazos, no para la intriga cortesana del Palacio Nacional. De chavito era ingobernable y siempre se iba de pinta, sus padres lo mandaron a la escuela militar con la esperanza de que los soldados lo disciplinaran, «si nomás te dedicas a dar guerra, vete al ejército». Lo metieron a la academia militar del castillo de Chapultepec en 1846 y apenas tres meses después de inscribirlo estalló la guerra con Estados Unidos.

Miramón fue uno de los niños héroes de la Batalla de Chapultepec que no murieron para convertirse en leyenda, fue hecho prisionero por los estadounidenses después de que tomaron la escuela militar y pasó varios meses cautivo del ejército gringo, incluso fue recapturado cuando intentó escapar —irse de pinta era lo suyo—. Tras la salida del ejército invasor del país, con los tratados de Guadalupe-Hidalgo, Miguelito regresó a la escuela militar convencido de que ese era su camino y se graduó con honores como oficial de artillería. Las constantes guerras civiles de México permitieron que alguien con sus habilidades destacara y alcanzó rápidamente el rango de general, y después de presidente, pero Miramón no estaba hecho para la chamba administrativa, mucho menos para las broncas presupuestales y la grilla; con su permanencia atendiendo asuntos que lo alejaban del frente, aprovechando que el campeón de los conservadores ya no luchaba, el ejército liberal se fortaleció y empezó a lograr sus primeros triunfos importantes y, sobre todo, consiguieron el decisivo apoyo de Estados Unidos, que bloqueó el puerto de Veracruz para proteger a los liberales y cortarles el suministro de armas a los conservadores. La flota gringa embargó dos barcos mexicanos de la Marina Armada conservadora que tenían la misión de apoderarse del puerto, y los gringos dieron armas y municiones a los liberales, dotándolos así de una superioridad de fuego que les otorgó una decisiva victoria en la batalla de San Miguel Calpulalpan.

Miramón deja la presidencia y huye a La Habana; a su vuelta a México, moriría fusilado en el Cerro de las Campanas, junto a Maximiliano y el general Mejía, el 19 de junio de 1867.

Félix María Zuloaga también se exilia en Cuba y tras la muerte de Juárez regresa a México y se dedica al cultivo de tabaco, tal vez con la secreta esperanza de matar a todos los liberales de cáncer de pulmón. Muere a los 84 años.

A Manuel Robles lo manda fusilar el famoso general Zaragoza, es decir lo mandó matar Benito Juárez, en 1862, durante la guerra contra los franceses. Aunque a un canalla como Robles si no lo fusilan los liberales al rato lo fusilaban sus camaradas conservadores.

Mariano Salas estuvo por primera vez como presidente 28 días, así que en su caso si podemos llamarle a su gobierno literalmente *su periodo*. Volvió al poder en 1863, pues fue de los miembros de *la Regencia* en lo que llegaba el emperador Maximiliano, es decir, solo estuvo calentando la silla para que cuando llegara el emperador sus hemorroides no le molestaran, murió de viejito en la Villa de Guadalupe a los 70 años en diciembre de 1867, sobrevivió seis meses más que Miramón tras la caída del segundo Imperio mexicano. *Sic transit gloria mundi*.

Benito Juárez

21 de enero de 1858-18 de julio de 1872

Benito Juárez llega por primera vez a la presidencia en 1858 sin elección, se vuelve presidente porque la Constitución de 1857 le daba el puesto al encargado de la Suprema Corte de Justicia en caso de que el presidente no pudiera gobernar. A partir de esa fecha, Juárez no soltó el poder hasta su muerte, en 1872; gobernó México durante 14 años, al principio a «salto de mata», y al final a «mata lo que salte», pero su papel como líder máximo de los liberales fue indiscutible, lo que resultó decisivo para el triunfo de este bando —además del apoyo de Estados Unidos, desde luego—, ya que a diferencia de los conservadores, los liberales no combatieron entre ellos por quitarle a Juárez la presidencia durante la Guerra de Reforma, con lo cual se demuestra que la mayor virtud de Juárez fue ser malísimo para las matemáticas, porque nomás nunca le salieron las divisiones.

Tras el triunfo liberal, Juárez se instaló en la presidencia en 1861, habían pasado tres años de una atroz guerra civil y no había dinero ni para la vaquita del pomo, y cuando en México no hay lana para esto es porque en verdad no queda nada, así que don Benito proclama unilateralmente la moratoria de la deuda externa y esto provoca la escandalosa reacción del buró de crédito internacional que nos envía literalmente a un ejército de cobradores con las flotas de guerra de Francia, Inglaterra y España —los aboneros de Coppel de aquellos tiempos—, y estos ocupan el puerto de Veracruz como garantía del pago; por supuesto, esto se lo advierten varias veces a Juárez, pero el presidente no hace nada, incluso a pesar de las reiteradas amenazas de los cobradores que vendrían a partirle la madre. Si algo caracterizaba a Benito Juárez era su temperamento impasible: era un hombre que podía permanecer imperturbable ante los peores peligros, las más soeces bravatas o las más brutales represiones, por eso pudo permanecer felizmente casado con doña Margarita Maza durante 29 años.

Resumiendo: Juárez no hizo nada durante dos años en los que una expedición militar de invasión nos intimidaba todos los días con venir a cobrarnos, y cuando en 1863 ya los teníamos ocupando Veracruz, don Benito por fin rectifica y dice que siempre sí vamos a pagar y que todo fue un error de su contador. Se firman unos nuevos pagarés de la deuda externa, a los que se les anexan los gastos del ejército de cobradores, en el sentido literal del término. Se van los soldados españoles y los ingleses, pero los franceses deciden aprovechar el viaje y dicen: «Oigan, ya que estamos aquí, ¿por qué no los invadimos?».

Los franceses avanzan incontenibles y llegan a hasta Puebla, pero se confían y sufren una derrota el 5 de mayo de 1862, y deciden replegarse hasta Perote, Veracruz, en espera de refuerzos y de un nuevo comandante, porque el conde de Lorences que los dirigía queda cesado por pendejo. ¡Se quedan esperando un año! ¿Y qué hizo el gobierno mexicano en ese tiempo? Nada, por supuesto, ni los atacó, ni negoció, ni los sobornó; vaya, ni siquiera les mentó la madre. Juárez volvió a hacer lo suyo y no hizo nada, mi teoría es que Juárez era tan liberal que creía que la mano invisible del mercado iba a corregirlo todo, incluyendo las invasiones; como buen liberal, le decía al Estado: «No hagas nada, verás que solito se arregla, hay que *dejar hacer y dejar pasar…*», y así pasó el año y llegaron los refuerzos de Francia y un nuevo comandante, el general Bazaine, un afamado hdspm que tenía órdenes expresas de vengar el honor del ejército francés y ganar a como diera lugar.

En marzo de 1863 el colosal ejército extranjero llega a Puebla por la revancha, pero esta vez, contra su costumbre, nuestro presidente ya tenía un plan y sí hizo algo: metió a todo el ejército mexicano a los fuertes de Loreto y Guadalupe para la batalla, pensando que los franceses no habían aprendido nada de su primer ataque e iban a repetir exactamente la misma pendejada que en su ataque anterior. Así que el enemigo solo tuvo que sitiar la ciudad con la mitad sus tropas y sin tener que disparar una sola vez avanzó sin problemas con la otra mitad hacia la capital del país que había quedado sin defensa alguna, ya que todo nuestro ejército estaba encerrado en Puebla por órdenes del presidente. Sin haber capturado previamente Puebla, los invasores ya habían tomado la capital de México.

Como siempre pasa con nuestros gobernantes, una gran pendejada solo es solucionada con otra aun mayor, y es entonces que ante la inminente derrota, Juárez abandona su impávida actitud y ordena hacer una urgente leva en la Ciudad de México para defenderla, esa fue la leva más grande y exitosa que se haya hecho jamás en nuestra historia: «11 mil voluntarios» dispuestos a luchar son presentados ante el presidente; si pensamos que los franceses venían con 7 mil soldados, ya que la mitad de sus fuerzas las habían dejado en Puebla, teníamos una superioridad numérica que nos daba tremenda ventaja. Sin embargo, cuando el presidente pidió que les dieran uniformes a los reclutados, le avisaron que no había, el presidente pensó entonces que con que se les dieran armas sería más que suficiente, y dio esa orden, pero de inmediato le comunicaron que tampoco había armas para esos 11 mil hombres, y que muchos de ellos ni siquiera tenían una hermana para aventarles a los invasores. Juárez entonces ordenó que por lo menos les dieran agua en lo que resolvían cómo se organizaba la lucha, pero resultó que el gobierno no tenía ni eso, don Benito continuó imperturbable pero ya convencido de que esto había valido madres y dio entonces la orden de dar licencia a la tropa reclutada para que regresaran a sus casas, tomó su carruaje y empezó a huir por todo el país diciendo que allí donde se encontrara, esa sería la capital de México.

Como vemos, la falta de planeación del gobierno mexicano es histórica.

Paralelo a esto, el derrotado Partido Conservador tuvo casi dos años para negociar con Napoleón III, emperador de Francia, la instauración de un gobierno monárquico en México controlado por él. El momento se veía ideal para ese negocio, ya que los gringos estaban entrando en una guerra civil en su territorio y por primera vez no tendrían forma de meterse en nuestras guerras civiles, los cabilderos mexicanos encontraron a un príncipe desempleado que aceptó la chamba: Maximiliano de Habsburgo, que estaba casado con Carlota de Bélgica. Maximiliano era gay y al parecer solo se casó con Carlota por su nacionalidad, ya que quería belga. Con la llegada de Carlota y Maximiliano comienza el segundo Imperio mexicano.

Durante este tiempo, Juárez se mantuvo como presidente de la República huyendo a salto de mata, y en muchas ocasiones el único territorio donde gobernaba era el carruaje en el que escapaba por todo el país. En la huida se le acabó el veinte y terminó su periodo presidencial en 1865, por lo que según la Constitución debía convocar a nuevas elecciones, o el titular de la Suprema Corte de Justicia debía sustituirlo. Al ver esta situación, don Benito dijo que no existían las condiciones para convocar a unas elecciones en ese momento, y que tampoco había condiciones para convocar al presidente de la Suprema Corte de Justicia en ese momento, por lo que mandó al carajo a este funcionario de su gobierno cuando vino a verlo. Y con esa «elección», Juárez se reeligió como presidente por otro periodo.

En 1865 los gringos terminaron su guerra civil, ganó el bando del norte que era cuate de los liberales y de Juárez, y esto, combinado con que Napoleón III estaba a punto de agarrarse a madrazos con Prusia y necesitaba urgentemente todas sus tropas de regreso, fueron los factores decisivos que hicieron colapsar al segundo Imperio.

En 1867 Maximiliano es fusilado en Querétaro, Carlota logra escapar de México y, dicen, se volvió loca, pero esto es un error histórico, porque la loca era Maximiliano, y desde antes de casarse con ella.

La república se restaura y en 1868 llega a su fin el segundo mandato presidencial de Juárez, por lo que se convoca a unas nuevas elecciones —esta vez no había razón alguna para no hacerlas—. Don Benito se presenta como candidato y gana de calle, pero otro candidato, llamado Porfirio Díaz, héroe del Ejército Republicano y que se presentó enarbolando la bandera de la no reelección, acusa de fraude electoral al gobierno y se levanta en armas contra Juárez. Su movimiento es aplastado, pero se le indulta en atención a los servicios prestados a la patria y *aquí no pasó nada*.

Al concluir su tercer periodo Juárez se postula una vez más como candidato en 1871, y una vez más Porfirio Díaz hace lo mismo con la bandera de la no reelección, en estos comicios contiende también como candidato Sebastián Lerdo de Tejada, y en esta ocasión, aunque don Benito sacó más votos, los resultados le impiden ganar a Juárez por no contar con el porcentaje mínimo para ser reconocido como el vencedor, según dictaba la complicada ley electoral de la Constitución de 1857. Porfirio, que obtuvo el segundo lugar en los comicios, se relame los bigotes en espera de una segunda vuelta electoral para el desempate técnico —donde sabe que tiene la victoria segura—, pero Juárez y Lerdo negocian en lo oscurito un puesto para Lerdo de Tejada como presidente de la Suprema Corte de Justicia en el gobierno de Juárez y este pasa sus votos a los de don Benito, pues las leyes electorales creadas en 1857 permitían que los candidatos usaran los votos de los ciudadanos como sus canicas, y con este cambalache al Benemérito ya le alcanza para triunfar en la elección. La encabronada que se puso Porfirio Díaz fue tan grande que en cuanto salió del Colegio Electoral se fue derechito a levantarse en armas una vez más contra el gobierno electo, pero también una vez más se la pela, y una vez más es indultado por... por... pues tal vez porque ya se habían acabado las balas para fusilarlo, en todo caso y como medida precautoria, se le hace jurar que jamás en su puñetera vida volverá a meterse en la política, y como toda promesa de político, esta jamás se cumplió.

El panorama se veía despejado para el cuarto mandato de don Benito Juárez, su contrincante Porfirio Díaz había sido anulado y su esposa, Margarita, que era el único contrapeso real de su gobierno, había muerto en 1871. Nada podría ahora cuestionar su poder, pero el 18 de julio de 1872 Benito Juárez se muere —muy probablemente envenenado—. Solo gobierna siete meses en esa administración, pero con este último acto público inicia el programa nacional de ponerle Benito Juárez a todo, que es el único programa de gobierno que ha tenido continuidad hasta nuestros días; en México hay escuelas, calles, avenidas, pozos petroleros, municipios y hasta flores que se llaman Benito Juárez, algo que nunca hubiera pasado si este presidente siguiera vivo, ya que como dice el danzón: *Pero si Juárez no hubiera muerto... todavía viviría.*

MAXIMILIANO DE HABSBURGO

10 de abril de 1864-15 de mayo de 1867

Ferdinand Maximilian Joseph María von Habsburg-Lothringen fue el equivalente al Cruz Azul en la nobleza europea: era el segundo hijo del emperador del Imperio austrohúngaro, lo cual lo convertía en el plan B para la sucesión al trono. Le consiguieron boda con Carlota, la hija del emperador Leopoldo I de Bélgica, y ella era como el plan Z para sucesión al trono de los belgas, así que su enlace conyugal fue como hacer un equipo de primera división con jugadores destinados a estar siempre en la banca.

Con todo, y a pesar de que esta pareja vivía el drama existencial de ser los *wanabís* de la monarquía europea —tenían que cargar sobre sus espaldas la vergonzosa maldición de aparecer siempre en las páginas de hasta atrás de la revista *Hola* del siglo XIX—, la verdad no se la pasaban nada mal, ambos recibían una fortuna por no hacer absolutamente nada, algo así como la beca de ninis del gobierno mexicano pero a lo bestia, como la que reciben los hijos de López Obrador. Además se entretenían muchísimo con su propio simulador de reino en un pueblito que les regalaron los del Imperio austrohúngaro para que vivieran: Miramar, en Trieste, a orillas del mar Adriático y desde donde veían las puestas de sol y donde podían nombrar la calle principal del pueblo en honor a su perro, o regalar pañuelos desechables entre los aldeanos para decir que acababan de lograr la cobertura universal del ¡salud! si alguien estornudaba, y así.

El joven matrimonio se entretenía dando fiestas y tomándose *selfies* al óleo realizadas por los mejores pintores de Europa, por supuesto eran un matrimonio de conveniencia, pero todos los matrimonios en la monarquía son justamente eso, y ellos la verdad eran el matrimonio de conveniencia más bonito de su época. El problema de la pareja Habsburgo-Coburgo era el detalle de que estaban impedidos para tener descendencia —el único trabajo que deben hacer los nobles—, debido a que Maximiliano era homosexual, y eso de tener sexo con las mujeres era algo que no haría jamás, ni aunque le pagaran. Y la prueba es que de hecho sí le pagaban por hacerlo y no lo hacía, a Carlota no le tocaba ni el tema. En todo caso, como sabía que el heredero al trono sería su hermano mayor, que ya tenía hijos varones, Maxi era muy consciente de que nadie lo iba a presionar para tener bebés; solo si por alguna extraña circunstancia el hermano no podía gobernar, sus hijos tampoco y él tampoco, entonces sí, su preciada semilla sería necesaria. Era más difícil que eso ocurriera que ganarse el Melate, y de cualquier manera a él ya le daban dinero todos los días como si se lo hubiera sacado ¡y sin comparar la quiniela! Así que de tener las relaciones con Carlota ya ni hablamos, si le llegaba a meter el pie cuando pasaba cerca ya era mucho.

Tras casarse, Maximiliano se escapó en su viaje de luna de miel: en la isla de Madeira se compró un barco con esclavos africanos que iba a Brasil y se los parchó a todos durante las semanas que duró la travesía hasta Río de Janeiro; al parecer los esclavos fueron vendidos mucho más baratos porque ya no se podían sentar. Meses después regresó a casa con su esposa como si nada y cuando Carlota lo vio, él fue quien gritó indignado: «¿Dónde has estado todo este tiempo?».

En la actualidad, cualquier situación mala siempre es peor si eres mujer —sobre todo cuando se trata de dolores premenstruales—, pero en el siglo XIX esto era incluso peor. Carlota de Sajonia-Coburgo, princesa de Bélgica, era la Greta Thunberg de su época: de chiquita solía ir a las reuniones políticas a hablar del mal que generaba el *statu quo* en el mundo y de cómo se podía hacer un mundo mejor ayudando a los países pobres llevándoles amor, civilización, cristianismo y jabón para que se bañaran esos salvajes.

A partir de 1830 el recién creado reino de Bélgica empezó a buscar una colonia para saquearla como hacían todos los países europeos que se jactaran de llamarse «imperios»; finalmente la encontró en el Congo, una enorme extensión de tierra a la que se metieron los belgas con el pretexto de acabar con la esclavitud, proteger a los misioneros en esa zona y, sobre todo, para ayudar a los nativos. El rey Leopoldo de Bélgica mandó a su hija Carlota a hacer relaciones públicas con este fin; ella iba por Europa propagando la buena nueva del filantrópico reino de Bélgica que quería entrar a África como Santa Clos, solo para repartir regalos a los aborígenes. Fueron los belgas los que organizaron los primeros congresos antiesclavistas y las cumbres internaciones para proteger el medio ambiente y lo que hoy llamamos biodiversidad, pero esto solo era una fachada para construir un inmenso campo de concentración que les permitiera extraer caucho, evento que causó el genocidio de tres millones de personas, ¡la mitad de la población nativa de este lugar! Así, con la coartada de la ayuda desinteresada del excéntrico altruista Leopoldo, rey de Bélgica, su principal RP, la encantadora niña Carlota, iba gritando por el mundo: «Primero loh pobres», «Honehtidad valiente», «Por el bien de todos», y otras consignas así que dan licencia para cometer los peores crímenes mientras los políticos dicen: «Pero esto solo lo hago para ayudarte».

Carlota, a diferencia de Maximiliano, sí quería gobernar, y también, a diferencia de Maximiliano, tenía capacidad para hacerlo, así que cuando en el pueblito de Miramar se presentaron unos delegados para ofrecerles el trono de un país llamado México, ella fue la primera en gritar: «¡Súper sí, acepto!».

Sin duda, la gran pendejada en la vida de Maximiliano fue venir a México. Si se hubiera quedado en Miramar lo peor que pudo haberle pasado era tener que cogerse a Carlota algún día, pero no terminar fusilado; desde luego, esto lo pongo yo sin ninguna idea de lo que digo, ya que toda la evidencia histórica es que Maximiliano siempre hizo todo lo que pudo para evitar tener intimidad con su esposa, así que en una de esas ser fusilado era preferible para él.

Mientras el ejército francés ocupaba México y abría paso para los gobernantes del segundo Imperio mexicano, Maximiliano se puso sus moños, y para legitimar que los mexicanos realmente quisieran que viniera a gobernarlos un príncipe del que jamás habían oído hablar pidió un plebiscito donde se preguntara a los nativos si querían o no querían que él fuera su monarca. Esta votación —si es que llegó a hacerse— solo se realizó en el terreno controlado por el ejército francés, y curiosamente allí ganó por unanimidad esta propuesta, la delegación mexicana regresó con Maximiliano para decirle que había ganado con 100% de los votos, que ya el ejército francés había tomado la capital del país y todos los mexicanos estaban muy contentos con su nuevo emperador. Fue como en las consultas ciudadanas del Peje, y así fue como tuvimos nuestro primer gobernante por encuesta.

A partir de ese momento, los franceses que originalmente venían a cobrarle al gobierno mexicano tuvieron ahora que darle dinero al gobierno mexicano, aunque eso sí, su gobierno mexicano. El segundo Imperio de México tampoco tuvo mucha lana y tal como ya se les había ocurrido a todos los liberales anteriormente, a Maximiliano también se le ocurrió la salida fácil de quitárselo a la Iglesia, esto por supuesto lo enemistó con sus aliados conservadores, que justo lo habían traído para evitar este tipo de cosas; otra bronca grave fue que en el fondo de su corazón simpatizaba con los liberales y solía cantar las canciones hechas por ellos, con las que se burlaba de los conservadores ¡en su cara! Como todo noble, le valía madre lo que sintieran y pensaran los demás y estaba convencido de que todo el mundo tenía la obligación de aguantarlo y adorarlo porque él era así —era como AMLO pero en rubia—.

Desde el principio de su gobierno, el emperador fue apodado el *empeorador* por sus propios aliados, la comidilla llegó a tal punto que se volvió impresentable para los conservadores, y si esto pasaba con los mexicanos que lo apoyaban, imagínense cómo era la cosa con sus enemigos. En realidad, lo que se opinara sobre Maximiliano era irrelevante, porque quien gobernaba realmente era el general François Achilles Bazaine, que estaba al mando de las tropas de ocupación francesas; esta conveniente situación permitía a Maximiliano ocupar la mayor parte de su tiempo haciendo lo que mejor sabía hacer: nada.

Maximiliano solía explorar su imperio para alejarse el mayor tiempo posible de su esposa y en estas actividades fue que ocurrió un milagro digno de un capítulo de *La rosa de Guadalupe* o de un libro de la actual faceta de Mauricio Clark, ¡Maximiliano tuvo relaciones sexuales con una mujer! Una mexicana de 17 años llamada Concepción Sedano —quien pasó a la historia como la India Bonita— logró ganarse el corazón y, mejor aún, la erección del emperador; jamás sabremos si esto pasó por la deslumbrante sensualidad de las morenas de nuestro país, por el clima tropical que alborota los instintos o porque ciertas mexicanas parecen hombres, como dijo alguna vez el cantante Tiziano Ferro, pero lo que Maximiliano nunca hizo con Carlota sí lo hizo con esta chica, y de ahí salió un hijo que acabó exiliado en Europa y que terminó sus días fusilado por desertor del ejército francés durante la Primera Guerra Mundial. Irónicamente, el hijo del noble austriaco fue enlistado en el ejército que luchó contra el Imperio austrohúngaro en la Gran Guerra. Así es la política, dos personas tienen relaciones sexuales y años después ahí estás tú, enlistándote para darle en la madre a la nación de tu padre.

Maximiliano hizo varias estupideces durante el segundo Imperio, pero la peor de todas fue intentar gobernar cuando se fueron los soldados franceses. Sin el apoyo de las fuerzas de ocupación, administró mal los pocos recursos que le quedaban y aceleró el colapso. Cuando cayó prisionero en Querétaro fue sometido, junto con los generales Miramón y Mejía, a un juicio sumario como mero trámite para poder ejecutarlo. Mientras estaban prisioneros, el general Miramón comentó que había sido encarcelado por no haberle hecho caso a su esposa, que siempre le pidió que no regresara a México a ponerse al servicio del segundo Imperio; al escucharlo, Maximiliano le dijo que él estaba preso por haberle hecho caso a la suya, que le dijo que se quedara en México. La única vez en su vida que le hizo caso a Carlota le costó la vida; de verdad, se lo merecía.

Maximiliano fue fusilado el 19 de junio de 1867 en el Cerro de las Campanas; antes, pidió cederle el lugar de honor, al centro del paredón, al general Miramón, a quien seguramente le dijo: «Esto es para que tu vieja ya no esté tan enojada contigo por no hacerle caso».

Sebastián Lerdo de Tejada

18 de julio de 1872-20 de noviembre de 1876

Sebastián Lerdo de Tejada era el Smithers de Juárez, era su escudero y su incondicional, como en la canción de Luis Miguel. De hecho, todas las caricaturas de la época los ponen a él y a Juárez como una pareja gay sadomasoca en la que Benito es el amo y Sebas el esclavo; el hecho de que Lerdo jamás se casara y su vida girara alrededor de Juárez facilitaba mucho las cosas para que sus malquerientes los pintaran así. Lerdo era la sombra de Juárez, llegó a la presidencia por ser el titular de la Suprema Corte de Justicia cuando muere don Benito, el primer presidente electo que muere en Palacio Nacional; Sebas asume la presidencia interina en 1872, luego convoca a unas elecciones extraordinarias y siendo presidente interino se pone de candidato y se enfrenta de nuevo a Porfirio Díaz. Por supuesto gana las elecciones y por supuesto Díaz dice que hubo fraude y se levanta en armas, pero a diferencia de las otras elecciones, esta vez nadie lo secunda; decepcionado por haberse quedado solo con la espada desenvainada, Díaz se va para su casa diciéndole a todo el mundo, para tratar de disimular, que la espada que trae en la mano en realidad es un paraguas.

Durante su cuatrienio, Lerdo de Tejada gobierna prácticamente sin gabinete y sin acuerdos con nadie, usando solo el Batallón de los Supremos Poderes, una unidad militar creada por Juárez durante la Guerra de Reforma y que fue su guardia pretoriana. Este batallón era el mejor armado —y pagado— del bando republicano, y era el que contaba con los veteranos más experimentados. Tras la restauración de la república, este *dream team* bélico se convirtió en el ejército personal del presidente; cualquier queja, manifestación, rechifla o amenaza de algún otro político era neutralizada de inmediato con el remedio universal de los *Supremos Poderes*, la panacea del régimen, y Lerdo usó este remedio hasta para cuando estaba estreñido o no le gustaba el día porque estaba nublado.

Durante este periodo, Sebastián por fin incluye en la Constitución las Leyes de Reforma, por las que había iniciado la guerra civil en 1857, algo que ni Juárez se atrevió a hacer; por supuesto, los operadores políticos de esta reforma constitucional fueron los eficaces muchachos del Batallón de los Supremos Poderes, que blindaban el cambio contra cualquier incomodidad. Durante todo su gobierno, Lerdo de Tejada enfrentó distintos levantamientos, todos menores, como el del bandolero ascendido a general Manuel Lozada, que fue desde luego solucionado aplicando la *vitacilina* de los *Supremos Poderes*. Lozada era un salteador de caminos de los alrededores de Tepic que logró juntar una gran cantidad de bandidos, durante el segundo Imperio se puso a las órdenes del emperador Maximiliano y este lo nombró general del Imperio y del ejército de Napoleón III, le encomendó el control político y militar de la zona que solía asaltar, y así el emperador creó por decreto Real la Provincia de Nayarit, con capital en Tepic, la cual fue separada de Jalisco. Sí, a este cabronazo le debemos la creación de este estado de la República, que como vemos, ya desde entonces mantiene la tradición de ser gobernado siempre por ladrones. Otra bronca solucionada por los Supremos Poderes fue la rebelión de los jesuitas y de las Hermanitas de la Caridad: los jesuitas son expulsados nuevamente de México. La primera vez que los corrieron fue en 1767, por órdenes del rey Carlos IV de España, y fueron disueltos como grupo religioso católico; para 1814 se arreglan con el Vaticano, y tras el voto de obediencia al papa la orden es restaurada y el ahora rey Fernando VII les permite volver al Imperio español en 1814; luego los vuelven a expulsar de México en 1824 y tras muchos trámites les vuelven a dar chance de regresar en 1836, en 1873 los vuelven a expulsar. Los jesuitas eran como el Cuauhtémoc Blanco de las órdenes religiosas: todo el tiempo los estaban expulsando.

La verdad es que los jesuitas deben ser unos indeseables, han sido expulsados de muchos lugares: de Inglaterra y de Portugal en 1754; de España, en 1767; de Nápoles, en 1768; de los Países Bajos, en 1820; de Rusia, en 1828; de Francia, en 1834; otra vez de Portugal y España en 1847; de Suiza, en 1848; de Austria, en 1849; también de Colombia, en 1850; de Ecuador en 1872; de Italia en 1874; del Imperio austrohúngaro, en 1875; una vez más de Francia, ahora en su tercera República, en 1880, y ya por último, otra vez de España, durante la segunda República, en 1931. Algo tendrán que nadie los aguanta; hoy el papa Francisco I es jesuita, pero tratándose de ellos, ni así cuentan con una garantía de que no los corran.

La expulsión de las Hermanitas de la Caridad fue por estar ligadas a los jesuitas, aunque yo tengo la teoría de que se debió a que se querían convertir en la orden de las Hormonitas de la Caridad para que alguien le hiciera el favorcito a Sebastián Lerdo de Tejada, pero esto claramente no se logró y se nos murió soltero y sin hijos.

También durante el mandato de Sebas se permitió el regreso, ¿de quién creen...? ¡Sí, Santa Anna vuelve a México! Y vuelve enfermo y medio loco —bueno, quién no queda loco después de haber gobernado México, y él lo hizo 11 veces—. Santa Anna murió en la Ciudad de México en 1876, año electoral, y qué bueno que fue así, porque si aguanta un poco más hubiera vuelto a ser presidente de México.

Al concluir el cuatrienio del primer gobierno de Lerdo de Tejada, el Congreso convoca a nuevos comicios y el presidente decide postularse; a estas elecciones se presenta como candidato, ¿quién creen? ¡Sí, Porfirio Díaz! Que vuelve con su estandarte de la «no reelección». Porfirio pierde como es la costumbre y va a levantarse contra el gobierno, pero contra la tradición y los usos y costumbres de la república restaurada, esta vez gana su revuelta. Cuando las fuerzas federales están a punto de aplastarlo, el presidente de la Suprema Corte de Justicia, José María Iglesias, se levanta también contra el presidente Lerdo al grito de: «Sobre la Constitución, nada: ¡Nadie sobre la Constitución!», «Todo lo que pueda separarme de la Constitución será rechazado por mí, que soy el representante de la legalidad».

Su teoría era que debido al conflicto que provocó la elección, Lerdo de Tejada quedaba inhabilitado para gobernar, y en ese caso la Constitución claramente establecía que la presidencia le correspondía al encargado de la Suprema Corte; estando así las cosas, Iglesias está dispuesto a sacrificarse por el bien de la patria. Esta inesperada división del enemigo le permite a Díaz ganar el cuartelazo. Porfirio llega a una negociación con el quisquilloso abogado constitucionalista Chema Iglesias y este lo reconoce como presidente, pues en algún lugar de la Constitución del 57 debía decir que era completamente legal aceptar a alguien como presidente cuando te está apuntando con una pistola a la cabeza. Acto seguido, parte al exilio rumbo a Estados Unidos, igual que Sebastián Lerdo de Tejada, quien fallece en Nueva York en 1889. Esta vez no hubo Supremos Poderes que pudieran librarlo de la muerte.

Porfirio Díaz

30 de noviembre de 1877-25 de mayo de 1911

Porfirio Díaz participa en las elecciones extraordinarias de 1877, que tienen como fin reponer las de 1876, invalidadas porque él se levantó en armas tras perder. Porfirio va, como siempre, con la bandera de la NO REELECCIÓN como estandarte de campaña, y esta vez además de su atractiva propuesta electoral tiene la ventaja de ser el único candidato, ¿y qué creen? Por fin gana las elecciones. Fue una suerte porque si no, Porfirio era capaz de levantarse en armas contra él mismo. Díaz impuso una reforma a la Constitución de 1857 para que el presidente electo no pudiera reelegirse para el siguiente periodo inmediato; la reforma tenía por objeto darle sentido a su plataforma electoral antirreeleccionista, aunque después tuvo que rerreformar para quitarla y poderse reelegir incluso hasta después de muerto.

Después de que Juárez y Lerdo de Tejada se la pasaran zapeándolo en cada elección, Porfirio Díaz llega por fin a la silla presidencial; ahora, el baboso que había perdido siempre todos sus alzamientos era el legítimo presidente; así es la política, nunca gana el que tiene la razón sino el que puede sostener con mayor terquedad sus pendejadas. Desde luego, Lerdo de Tejada no permitiría que se quedaran así las cosas, y le hizo a Díaz lo mismo que él hizo siempre después de cada elección que perdía: organizó un levantamiento en armas contra el nuevo presidente electo, pero se tardó tres años en preparar cuidadosamente su revuelta; era abogado, no militar.

Los 500 soldados a bordo del buque *Libertad* desembarcaron la madrugada del 14 de junio de 1879 en Veracruz con la intención de derrocar a Díaz. El gobernador del estado, Luis Mier y Terán, pudo derrotarlos y aprehender a los sublevados el mismo día que llegaron, por lo que se deduce que a pesar de todo el tiempo que se tomaron organizando la invasión, no la habían planeado muy bien. El gobernador comunicó la situación a Porfirio Díaz y este le envió un mensaje que decía: «Mátalos en caliente». Mier y Terán cumplió la orden presidencial de inmediato y esta acción aterrorizó a la población de la época, acostumbrada a que los golpistas derrotados fueran perdonados para luego irse a su casa a organizar un nuevo golpe, como había hecho Porfirio Díaz durante años. Don Porfirio sabía bien que si dejas vivo a uno de esos inquietos muchachos que buscan tener una participación política por las vías no institucionales —y también por las institucionales— seguirían con sus levantamientos hasta quedarse con el poder. Esta masacre permitió a Porfirio Díaz hacerse una sólida reputación de hijo de la chingada con el que era mejor no meterse, honorable reputación que le permitió gobernar con bastante tranquilidad durante los 33 años que estuvo en el poder.

Personalmente creo que el peor error de Díaz fue envejecer, todos los dictadores son como los pollos: de chiquitos, algunos causan ternura, pero ya de grandes es mejor verlos desplumados, decapitados y con un palo que les atraviesa el culo mientras giran y se rostizan lentamente en las llamas del horno.

En realidad, la primera gran pendejada de Díaz fue darle al general Manuel González la presidencia para el siguiente periodo; como él no se podía reelegir optó por poner a su compadre, pero la silla presidencial es como la esposa, si se la prestas a tu compadre es muy probable que ya no te la regrese, así que solo le dio chance una vez, para el cuatrienio de 1880 a 1884.

Sería ocioso relatar cada mandato del prolongado gobierno de Díaz, ya que como en todas las dictaduras las elecciones eran mero trámite de renovación de placas para seguir conduciendo el mismo carro. Así que contemplaremos su gobierno como un solo periodo, de 1884 a 1910, lo que se conoce como el porfiriato; en esta etapa don Porfirio fue la última Coca-Cola del desierto, el macho alfa de la clase política nacional, el gorila lomo plateado de los militares golpistas de la República mexicana, y como el poder se lo entregaba siempre a sí mismo, el país por primera vez en su vida gozó de la prosperidad que se genera con la estabilidad, las elecciones dejaron de ser el formato oficial para iniciar una nueva guerra civil y por fin se alcanzó un superávit en las finanzas públicas, y no es que Díaz fuera un tipo honrado, lo que pasa es que nadie se roba a sí mismo, y como el país era de él, pues la verdad no era necesario que se clavara nada. Con Díaz, México conoció eso que los economistas llaman crecimiento económico.

Díaz fue un gran gobernante, pero como a sus críticos los mataba o los metía a la cárcel, tuvo muy buena prensa durante todo su mandato; además, contaba con un ejército de aduladores que decían que olía a rosas cuando se echaba un pedo, o que cuando escupía en las alfombras —una costumbre muy famosa de don Porfirio— lo hacía para crear fuentes de empleo en la industria de limpieza de tapetes que era el futuro de la economía nacional. En realidad, los medios competían por ver quién elogiaba más al presidente, llegando a unos niveles de abyección que solo hemos visto en nuestros días con los paleros que se hacen pasar por periodistas en las conferencias mañaneras del Peje.

Por supuesto que Porfirio Díaz cometió muchísimas pendejadas durante todo su gobierno, pero tenía un poder tan grande que podía permitirse dos cosas: la primera, tener muy pocas críticas reales, aunque las hubo y la segunda, que cualquier crítica, por muchos datos y pasión opositora que tuviera, no le hiciera nada, como ocurre ahora en Twitter, pues.

Aquí va una anécdota para ilustrar el enorme control del régimen de Porfirio Díaz, en ella se narra el único «atentado» que tuvo el dictador en todo su gobierno y sirve como radiografía del porfiriato.

La mañana del jueves 16 de septiembre de 1897 apareció en la Alameda de la Ciudad de México un individuo con aspecto de teporocho pordiosero llamado Arnulfo Arroyo, quien se presentó a la ceremonia pública con motivo de los festejos del Día de la Independencia que presidía Porfirio Díaz. Este misterioso personaje logró burlar la valla de seguridad que los cadetes del Colegio Militar habían montado alrededor de la comitiva del presidente, se abrió paso y golpeó a don Porfirio en la nuca sin lograr derribarlo. La única consecuencia de este «ataque» fue que Díaz trastabilló un poco y se le cayó al suelo el bicornio de su uniforme de generalísimo, el dictador lo recogió serenamente y continuó su camino. Así fue el atentado, fin.

Sin embargo, para los que informaron sobre lo sucedido aquel día, este fue el peor acto de salvaje terrorismo que se haya registrado jamás en el mundo; los periódicos de la época consignan que después del empujón de Arnulfo Arroyo contra Porfirio Díaz, los miembros de la comitiva del presidente y la guardia de los cadetes del Colegio Militar se lanzaron contra el agresor. El comodoro Ángel Ortiz Monasterio le dio tan formidable golpe con su bastón al agresor, que se rompió, y con el pedazo del bastón roto Arnulfo Arroyo trató de defenderse del general Agustín Pradillo, que saltó sobre él para derribarlo, y en este forcejeo Arnulfo le rompe la manga del uniforme al general; finalmente, el vago que golpeó al presidente es derribado por un culatazo en la pierna, que le propina un cadete del Colegio Militar, y en ese momento todos los ministros se lanzan sobre él para patearlo y darle *pamba china con picahielo*. Se oye el grito del presidente Díaz diciendo: «¡Denle garantías, denle garantías! Este hombre pertenece a la justicia», y el linchamiento es suspendido en el acto. Arroyo es conducido en calidad de detenido a Palacio Nacional, Porfirio y su comitiva continúan su ceremonia y *aquí no ha pasado nada*... aparentemente, porque la verdadera tragedia apenas comenzaba.

En el momento de su detención, Arnulfo Arroyo traía en uno de los bolsillos del pantalón dos boletas de empeño, una por un puñal y otra por una pistola, por lo que para la policía, y sobre todo para los medios, el hombre que atentó contra el presidente *portaba* puñal y pistola. La clase política porfirista se preguntaba horrorizada qué habría pasado si ese monstruo llega a usar la pistola y el puñal contra don Porfirio. Afortunadamente era pobre y tuvo que empeñarlos, que si no…

Después de este hallazgo, los acontecimientos comenzaron a desarrollarse de la peor manera; el rumor de que un horrible criminal había querido acabar con la vida del presidente cundió por toda la ciudad y la gente comenzó a abarrotar las calles para saber el estado de salud del presidente; no sabemos si por morbo o por genuino apoyo al caudillo, el caso es que la multitud salió a vitorear al dictador, las muchachas le aventaban flores y las señoras lloraban al verlo, dando gracias a Dios porque don Porfirio estaba vivo. Ese día, el paso de Díaz por la Ciudad de México fue un auténtico triunfo romano.

Los comentarios de que el artero ataque perpetrado por un desquiciado anarquista al servicio de los peores enemigos de la patria aumentaban y generaban una reacción en cadena, que parecía más un teléfono descompuesto. Para la tarde del 16 de septiembre, al llegar Porfirio Díaz a un acto en la Cámara de Diputados, fue recibido con una sonora ovación, seguida de una ola de aplausos que duró varios minutos. El diputado Justino Fernández pronunció en nombre del Congreso un discurso que condenaba el atentado: «Los señores diputados y senadores, amigos de usted y sinceros partidarios de su sabia política, me honran en estos momentos con su representación para patentizar a usted la verdadera pena y profunda indignación que sienten por el infame atentado del que ha sido objeto esta mañana».

Estas sentidas impresiones fueron recogidas por la prensa y engrosaron esa complicada madeja de rumores, prejuicios, malos entendidos y razonamientos simplistas o prodigiosamente rebuscados que componen eso que llamamos «opinión pública». En ese momento todos los que eran *alguien* en el régimen se hacían las mismas preguntas: ¿quién es Arnulfo Arroyo? ¿Quién puede ser tan ruin como para querer hacerle daño a don Porfirio? Y la pregunta más apremiante de todas: ¿qué van a hacer con ese hijo de la chingada?

Para la élite porfirista, Arnulfo Arroyo era una bestia salvaje y rabiosa que solo deseaba derramar la más preciosa sangre que haya tenido México. Este ataque era un verdadero sacrilegio, un anatema, y su perpetrador no merecía menos que morir fulminado por un rayo flamígero y justiciero mandado por Dios en el acto, pero como Dios no lo hizo, don Porfirio pidió personalmente que Arroyo fuera sometido a la justicia. ¿Qué hacer? Mandarlo al paredón nada más por un pinche empujón parecía difícil, así como condenarlo a trabajos forzados de por vida en las haciendas henequeneras de Yucatán. ¿Cómo castigarlo? ¿Como se quería o como se debía? Lo peor de todo era que las autoridades porfiristas no distinguían la diferencia entre estas dos posibilidades, y para acabarla de amolar la prensa y la «opinión pública» —cualquier cosa que eso signifique— estarían atentas al destino del criminal, porque en ese momento Arnulfo Arroyo era *la* nota.

Para este punto, la situación comenzaba a cobrar aires de paranoia colectiva. ¿Y si Arroyo no había actuado solo?, ¿si era simplemente el peón ejecutor de una siniestra conspiración para asesinar al presidente? Esta última era la pregunta que estaba creciendo como bola de nieve y en pocas horas esa idea adquirió dimensiones colosales. ¿Qué hacer? Se preguntaba angustiado el inspector general de policía Eduardo Velázquez, que se trasladó a la cárcel de Palacio Nacional durante la tarde de ese día y llevó a Arroyo a su oficina, le puso una camisa de fuerza y lo dejó encargado con dos custodios desarmados para irse a cenar a La Concordia, a seguir pensando qué hacer con el detenido.

A las 12 de la noche entran a la oficina de Velázquez cinco tipos embozados y con sarapes, gritando: «¡Viva Porfirio Díaz, mueran los anarquistas!». Minutos antes, el policía Bartolo Franco, encargado de custodiar a Arroyo, se había retirado por orden del jefe de inspección Miguel Cabrera, por lo que este grupo encuentra solo y amarrado a Arnulfo Arroyo y lo deja como carne tártara de tantas puñaladas; los atacantes gritan, rompen vidrios, vitorean al «sabio gobierno» y maldicen al «anarquismo diabólico», y como diría Jaime Maussan: «...Nadie hace nada». Por fin, después de más de 20 minutos, Cabrera, el jefe en turno que durante todo este tiempo fue urgido por el policía Bartolo Franco para que diera la alarma y se enfrentara a los agresores, da tres tiros al aire; con esta señal se manda movilizar a todo el agrupamiento de policías de Palacio Nacional para encontrar a los culpables que habían cometido un asesinato en la mismísima oficina del jefe de la policía. Como consecuencia, fueron aprehendidas todas las personas que pasaban cerca del Zócalo a esa hora, acusadas de asesinar a Arroyo. La explicación oficial fue que «el pueblo», indignado por el atentado, había entrado para matar al agresor del presidente y la policía, al ser rebasada por la multitud, no puedo evitar su ejecución. Por supuesto, nadie la creyó.

En realidad, los asesinos de Arroyo habían sido policías disfrazados de paisanos que poco después de cometer el crimen regresaron ya con sus uniformes y se dispusieron a capturar a los «culpables». Entre los detenidos en el operativo estaba un señor de nombre Abel Torres, empleado de coches en Palacio, quien demostró que a esa hora salía de la chamba; otro era un turista español llamado Manuel Maya, que salió de su hotel para tomar un café en los portales del Zócalo y mientras tomaba su bebida lo agarró un policía y lo acusó del asesinato de Arroyo. ¿Qué otra cosa podría hacer un español tomando café con leche en la noche, sino reposar después de haber cometido un homicidio? ¡Lógico! Santiago Ordóñez, comerciante del Zócalo, le preguntó a uno de los gendarmes qué era lo que pasaba y por eso también fue detenido y acusado del asesinato.

Los acontecimientos habían cambiado radicalmente y al día siguiente las ocho columnas de los periódicos que debían decir algo así como «Horrible y criminal atentado contra el señor presidente», decían algo así: «Matan al hombre que cometió el horrible y criminal atentado contra el señor presidente». La muerte de Arroyo, lejos de zanjar el asunto, lo hizo crecer a tal dimensión que provocó la primera y única crisis de gabinete que tuvo Porfirio Díaz durante los 33 años que gobernó en el país.

Para las 10 de la mañana del 17 de septiembre, el general Francisco Z. Mena, ministro de Comunicaciones, le exigió al ministro de Hacienda, Ives Limantour, que lo acompañara al castillo de Chapultepec a ver al presidente para solicitarle que atraparan a los verdaderos asesinos de Arroyo con el fin de demostrarle a la opinión pública que el gobierno no tenía nada que ver en ese asqueroso y cobarde crimen. Esta petición terminó con una reunión de emergencia del gabinete, en la que unos políticos daban por cierta la versión oficial del linchamiento popular y otros la de que todo eso era patraña para esconder un abuso atroz. La cosa se puso tan caliente que el ministro Mena amenazó con renunciar si no se investigaba el asunto, y la discusión terminó con la destitución del jefe de la policía Eduardo Velázquez esa misma tarde, quien sería puesto en prisión mientras se investigaba el caso; en esa misma condición quedaron los otros oficiales de la policía implicados: Villavicencio y Cabrera.

Se inicia la investigación y los verdaderos asesinos son encontrados al día siguiente, y lo confiesan todo, resultaron ser policías a las órdenes de Velázquez que fueron organizados por Villavicencio y Cabrera. Todos planearon la muerte de Arroyo mientras cenaban en La Concordia.

Las investigaciones sobre el pordiosero que le dio el zape al presidente revelaron que Arnulfo Arroyo era un hombre de 50 años que había intentado estudiar leyes y que también había estado en el Colegio Militar durante su juventud, pero por sus continuas borracheras había sido expulsado de todas las escuelas a las que se inscribía. Se supo también que en el Colegio Militar había sido compañero de Eduardo Velázquez y que este lo ocupaba como intendente y velador de una *casa chica* que tenía junto con otros políticos para meter a *sus movidas*. Se supo también que el puñal y la pistola de Arroyo habían sido proporcionados por Velázquez para cuidar dicha casa y que el «criminal» las empeñó para ponerse pedo. Al hacerse público, este dato puso al jefe de la policía en la picota de toda la sociedad porfirista, que lo convirtió en la mente maestra detrás de la conspiración para asesinar al presidente. Arnulfo Arroyo tenía la biografía de todos los teporochos, una vida en la que todo lo que intentaba al final siempre se le fregaba por su manera de beber, así que para acabar con ese sino fatal, ya en los últimos años se la pasaba chupando, pues ponerse briago era lo único que siempre le salía bien, y para cuando decidió seguir con su verdadera vocación llevaba varios meses de no trabajar para Velázquez.

Fue entonces que comenzaron en serio las especulaciones. ¿Arroyo era un desequilibrado mental o un frío asesino a sueldo? ¿Y si era un desequilibrado mental del que alguien se había aprovechado para echarlo a andar, induciéndolo para que asesinara a Porfirio Díaz? ¿Era Velázquez el líder del *compló* o detrás de él existía un gran grupo de conspiradores? Una semana después del «atontado» de Arroyo, Velázquez se suicida de un balazo. Una pequeña pistola Remington es introducida a su celda dentro de un pambazo con lechuga y crema. Al parecer, en esa época cuando las señoras te preguntaban si querías el pambazo «con todo», incluían a las armas de fuego. Los guardias de la prisión de Belén hallaron junto al cadáver de Velázquez un recado póstumo que decía lo siguiente:

> He cometido un delito que será la mancha de toda mi vida. Obré sugestionado por todos aquellos a quienes ante usted he

desenmascarado sin piedad y sin remordimientos. Cumplida mi sentencia, me queda la expiación del crimen. No es un criminal ni un desequilibrado el que muere; es un hombre y un patriota, un fanático por el gobierno y por el general Porfirio Díaz.

Velázquez dirige la nota al presidente, a quien intentó halagar con la eliminación de Arnulfo Arroyo, pero en lugar de ganar su reconocimiento, lo único que logró fue su desprecio. Por supuesto, luego de esta muerte surgieron nuevas dudas. ¿Quién sentenció a Velázquez? ¿Cómo pudo pasar un arma a su celda? ¿Quiénes son aquellos a los que dice haber desenmascarado? ¿Cuánto cuesta el pambazo con pistola? Todo quedó sin respuesta con la muerte del exinspector general de la policía. No obstante, el hecho de que su vida terminara de esa manera confirmó para muchos que efectivamente existía un turbio *compló* para matar al dictador.

Finalmente, en 1901 uno de los hijos de Arnulfo Arroyo publica un folleto explicando lo sucedido. Narra que en una cantina llamada La Campana, ubicada en la calle de Hombres Ilustres esquina con el callejón 2 de Abril, varios hombres habían ido a curarse la borrachera por los festejos del 15 de septiembre, entre ellos se encontraba Arnulfo Arroyo. Gracias al oportuno empeño de un puñal y una pistola que llevaba Arroyo, *la curación* tiene suficientes fondos y se convierte en una nueva borrachera; ya con sus copas, los briagotes empiezan a discutir sobre el presidente y en ese momento Arnulfo Arroyo grita que si a él se le da la gana le pega una bofetada al dictador. Sus amigos no le creen, Arnulfo se envalentona y les dice que él sí es capaz de darle una cachetada a Díaz, y los borrachos cruzan una apuesta. Al día siguiente, en la mañana, Arnulfo va a la Alameda y espera a que se acerque la comitiva donde viene el general Porfirio Díaz... Así era el porfiriato.

Como todo buen dictador, don Porfirio creó su propio mito, al punto de que los mexicanos celebramos su cumpleaños el 15 de septiembre con el Grito, creyendo que estamos festejando la independencia nacional. Díaz se volvió un personaje que representaba *lo invencible*, y entre los mexicanos de su tiempo se pensaba que no podía haber alguien tan pendejo como para pretender sacar a Díaz del poder ganándole una elección, y con esto se confirma que la peor pendejada es subestimar a los pendejos, ya que siempre son capaces de superar todo lo que pensamos que son capaces de hacer; para las elecciones de 1910 apareció alguien con estas características: Francisco I. Madero.

Contra todo pronóstico, la revolución maderista triunfó, y Díaz huyó del país. Don Porfirio murió en Francia en 1915 y sus restos esperan poder regresar a México, aunque sea como huesos para los perros.

Manuel del Refugio González Flores

1° de noviembre de 1880
30 de noviembre de 1884

Manuel González fue quien dirigió a las tropas de Porfirio Díaz en el último golpe de Estado que intentó antes de convertirse en presidente legítimo. Contra la tradición de estas revueltas, González triunfó, pero en la batalla de Teocac, Tlaxcala, perdió el brazo derecho. Conmovido por esto, Díaz lo nombró ministro de Guerra durante su gobierno, pues en el fondo sabía que a un manco se le reducían 50% las probabilidades de derrocarlo.

Para las elecciones de 1880 Díaz se da cuenta de que no puede reelegirse porque hacerlo va en contra del estandarte que sostuvo durante sus sublevaciones: la no reelección, y se iba a ver del nabo que ante la primera prueba a su congruencia optara por seguir gobernando, así que llamó a su fiel compadre Manuel González y lo puso de presidente.

Porfirio Díaz siempre dijo que González era como su brazo derecho, es decir, inexistente, por lo que desde el primer día del gobierno de su amigo, Díaz comenzó una campaña en su contra para minar su popularidad con el fin de que no pudiera crecer políticamente. González tuvo fama entre sus contemporáneos de ser un corrupto, mujeriego, putañero, inepto, mediocre, patán y borracho, y esto describe perfectamente a don Manuel, ¿cómo lo sabemos? Gracias a don Porfirio, que filtraba a la prensa todo lo que hacía su compadre.

A su gobierno se le deben dos obras memorables que ya desaparecieron, una es la puerta trasera de Palacio Nacional que daba a la calle de Correo Mayor, conocida como la Puerta Marrana, como parodia de la famosa Puerta Mariana de ese edificio, construida por el presidente Mariano Arista. La Puerta Marrana fue un encargo de González para poder meter prostitutas a Palacio Nacional de manera discreta, por lo menos él así lo quería pensar.

La segunda obra trascendental de su mandato fue el desastroso programa de gobierno para quitar los pesos de plata y sustituirlos por monedas de níquel, que la gente llamó despectivamente «tlacos», nombre que proviene del náhuatl y que significa «mitad», así fue como se le llamó en la época de la Colonia a unas monedas que valían media «cuartilla», o cuarto de real, que era la moneda de más baja denominación acuñada en la Nueva España. Los tlacos de la época colonial eran hechos por tenderos y solo los aceptaban en sus tiendas; durante el gobierno de Manuel González la resistencia a usar las monedas de níquel fue tan grande que se dieron robos de enormes sumas de dinero en «tlacos» que los ladrones se llevaron solo para tirarlos en los canales de la Ciudad de México, pues hasta entonces gran parte de su territorio todavía era lago. La imposición oficial de estas monedas terminó en un motín organizado por Porfirio Díaz y el gobierno tuvo que dar marcha a atrás.

Los tlacos que acuñó Manuel González jamás se usaron y la Puerta Marrana, clausurada al terminar su administración, fue la única obra de su gobierno que realmente dio un servicio a la nación; según todas las crónicas de la época, esta puerta trasera no dejó de funcionar ni un solo día mientras gobernó Manuel González.

Al terminar su primer mandato, González le pasó la presidencia a Porfirio Díaz, que de esta manera inventaba una bonita fórmula para seguir en el poder, alternado con su compadre un periodo de gobierno para no violar el dogma de la no reelección que él mismo había impuesto. Sin embargo, para el siguiente periodo lo pensó mejor y ya no le soltó de nuevo la silla presidencial, cambió la consigna de la no reelección por la de «qué tanto es tantito» y así empezó a gobernar eternamente, como debe hacerlo cualquier dictador que se respete.

Manuel González fue el dueño de la famosa hacienda de Chapingo, que hoy es la reconocida Escuela de Agronomía de Texcoco, y tiene cierta justicia poética que su hacienda sea escuela de agrónomos, porque todo lo que hizo Manuel González como gobernante fue tratar de echarle tierra al asunto. Cuando lo enterraron, el 8 de mayo de 1893, su hijo pronunció un sentido discurso y frente a Porfirio Díaz habló así de su padre: «Tenía un solo brazo, pero era de hierro; tenía una sola mano, pero era de amigo…»; al día siguiente, una revista satírica patrocinada por Porfirio Díaz agregó a esta frase: «…pero tenía cinco uñas y con esas robó todo lo que pudo».

Francisco I. Madero

1º de noviembre de 1911-19 de febrero de 1913

Francisco Ignacio Madero González nació en una familia muy acomodada y estudió con los jesuitas, que lo volvieron un antisistema, como siempre hacen con los ricos a los que les administran el cerebro; luego se matriculó en la Escuela de Altos Estudios Comerciales en París y en la Universidad de Berkeley, California; creía en el espiritismo y en que podía contactar con los muertos y el más allá; practicaba homeopatía, una nueva disciplina que la Organización Mundial de la Salud reconocía entonces como medicina y que ahora ni siquiera se reconoce como terapia alternativa. Francisco era un entusiasta de las nuevas tecnologías, como el teléfono, y pensaba que todo se podía resolver con este aparato, le gustaba transportarse en bicicleta y prefería este medio al coche, y fue el primer presidente de México que viajó en avión. Además de ser un moderno, también pensaba que todo el mundo era intrínsecamente bueno, aunque fuera bueno para nada, y seguía rigurosamente una dieta especial de lo que se ponderaba en su época como comida saludable. Resumiendo: era un milenial de principios del siglo XX, y sería el hombre que acabaría con el porfiriato.

La dictadura porfirista era tan inexpugnable que solo alguien como Porfirio Díaz podía ser capaz de acabar con ella, y como no aparecía nadie con esas características, el dictador tuvo que hacerlo él mismo. En 1908 el reportero James Creelman lo entrevistó para la revista *Pearson's Magazine* y le preguntó su opinión acerca de México al llegar al primer centenario de su independencia. A Díaz se le fue la lengua, se descosió y declaró cosas tan sorprendentes como estas: «No importa lo que al respecto digan mis amigos y partidarios, me retiraré cuando termine el presente periodo y no volveré a gobernar otra vez. Para entonces tendré ya 80 años», hagan de cuenta el Peje cada que le preguntaban sobre la reelección; después dijo textualmente: «He esperado pacientemente por que llegue el día en que el pueblo de la República mexicana esté preparado para escoger y cambiar sus gobernantes en cada elección, sin peligro de revoluciones armadas, sin lesionar el crédito nacional y sin interferir con el progreso del país. Creo que, finalmente, ese día ha llegado». Y ante la pregunta directa de Creelman: «Señor presidente, usted no tiene partido oposicionista en la República. ¿Cómo podrán florecer las instituciones libres cuando no hay oposición que pueda vigilar la mayoría o el partido del gobierno?», Porfirio respondió con la franqueza de quien expone el orden natural de las cosas: «Es verdad que no hay partido oposicionista. Tengo tantos amigos en la República que mis enemigos no parecen estar muy dispuestos a identificarse con una tan insignificante minoría». Pero luego hace esta increíble afirmación: «Doy la bienvenida a cualquier partido oposicionista en la República Mexicana; si aparece, lo consideraré como una bendición, no como un mal. Y si llegara a hacerse fuerte, no para explotar sino para gobernar, lo sostendré y aconsejaré, y me olvidaré de mí mismo en la victoriosa inauguración de un gobierno completamente democrático en mi país». *¡Oooooooolé mis cojone'!*, como dirían los clásicos.

Por supuesto todo era mentira, era un discurso para los gringos que leían la revista *Pearson's Magazine* y a los que les gustaba leer ese tipo de cosas; sin embargo, la entrevista fue traducida y publicada íntegramente en México por el periódico *El Imparcial* y por algunos diarios de diferentes estados de la República; aun así, don Porfirio estaba tranquilo; con toda su experiencia y el retorcido colmillo político de mamut que tenía, daba por hecho que en todo México no podía haber alguien tan pendejo como para pensar que era cierto lo que había dicho, pero no conocía a Francisco I. Madero, quien se creyó lo que decía esa entrevista y con su candoroso entusiasmo contagió a toda una generación de mexicanos que ya estaba harta de ver la misma jeta en el balcón del Palacio Nacional la noche del Grito. Con lo que se demuestra, una vez más, que la peor pendejada es subestimar a los pendejos.

Madero, infatigable, rehace el Partido Antirreeleccionista —sí, el mismo que en 1867 creara Porfirio Díaz para postularse por primera vez contra Juárez—, crea clubes antirreeleccionistas por todo el país y en pocos meses arma una poderosa estructura partidista en México. Con estudios en Estados Unidos, Madero había visto cómo eran las campañas políticas gringas, así que decidió hacer lo mismo aquí. Él puso de moda las giras electorales y los mítines que abarrotan las plazas en todas las ciudades.

Porfirio estaba como Banamex: no daba crédito. Su eficiente policía secreta le informa que son ya cientos de miles los que siguen a Madero y cada minuto que pasa se le unen más. El viejo dictador está furioso, pero por otro lado también está un poco conmovido de que en México todavía exista alguien que cree en lo que dice. Así que respetuosamente decide sacar a Madero de su error y le invita un café, el 16 de abril de 1910, para explicarle que todo eso que leyó en la entrevista era falso y que mejor se fuera a su casa a hacer flores de migajón o a coleccionar sellos postales. Esta es la carta que Madero le escribió a su madre después del encuentro:

> Mi adorada mamacita… la impresión que me causó el Gral. Díaz es que está verdaderamente decrépito, que tiene muy poca vitalidad; acostumbrado a que todo lo que él dice sea

> aprobado servilmente por los que le rodeen, no vacila en contradecirse de un momento a otro, y, sobre todo, parece que tiene la monomanía de hablar de sus guerras. A mí me causó la impresión de estar tratando con un niño o con un ranchero ignorante y desconfiado. Estoy seguro que en su juventud tuvo inteligencia mucho mayor que la que representa en estos actuales momentos; pues si no fuese así, sería imposible que hubiese efectuado la obra que le conocemos. En presencia de él, permanecí el mismo de siempre y la verdad es que no tomé en serio lo que me dijo, pues en tono socarrón le recordaba yo, a cada momento, que me había dicho lo contrario momentos antes. De la cuestión política comprendí que no se puede hacer nada con él, que está empeñado en seguir adelante su programa. Yo le dije que, por mi parte, nosotros seguiríamos igualmente el nuestro. Se trató igualmente de la orden de aprehensión contra mí y me dijo que tuviera confianza en la Suprema Corte, a lo cual contesté con una franca carcajada, diciéndole que no tenía ninguna confianza en la Suprema Corte.

Como vemos, ambos personajes se mandaron al carajo después del encuentro, y Madero parece que describe a López Obrador en su carta.

Don Pancho continuó con su campaña a pesar de que el viejo le dejó saber claramente que si insistía en eso lo iba a meter al bote. En estas elecciones se presentaron tres partidos, uno de oposición: el Partido Nacional Antirreeleccionista, que postuló a Madero para presidente y a José María Pino Suárez para vicepresidente, y dos partidos porfiristas: el Partido Nacional Porfirista, que postulaba a Porfirio Díaz para la presidencia y a Teodoro A. Dehesa para la vicepresidencia, y el Partido Reeleccionista, que postulaba igualmente a

Díaz para presidente pero buscaba la reelección de Manuel Corral como vicepresidente, congruente con los postulados de su nombre. Sí, Porfirio Díaz, que inició su búsqueda por la presidencia con el Partido Nacional Antirreeleccionista, era postulado 30 años después ¡por el Partido Reeleccionista!, todo lo contrario a aquello por lo que había luchado, lo normal en la política.

Algo es cierto, jamás se ha visto tanta competencia electoral en nuestro país.

Tal vez don Porfirio pudo haber triunfado por la buena en las elecciones de 1910, pero ¿para qué vas a correr riesgos cuando eres el dictador de un país? El 6 de junio, al llegar a Monterrey en su gira para la campaña presidencial, Madero es apresado y enviado a San Luis Potosí. El 26 de junio se realizan las elecciones primarias para presidente y vicepresidente que le dan el triunfo a Porfirio Díaz y a Manuel Corral. Y para el 30 de octubre se hacen las elecciones secundarias y estas confirman el triunfo de Díaz y Corral. Madero logra escapar de San Luis Potosí y se refugia en Estados Unidos, desde allí organiza la conspiración para tomar el poder más estúpida que se haya hecho, y miren que en realidad hemos tenido muchas de este tipo. Tal vez precisamente por esa estupidez Madero triunfa y logra derrocar a Díaz.

En su Plan de San Luis, Francisco Madero propone que el 20 de noviembre de 1910 a las 18:00 horas todos los miembros de clubes antirreeleccionistas del país salgan a levantarse en armas contra el gobierno de Porfirio Díaz. Con esta rara estrategia, Madero le permite a la policía enterarse semanas antes el día, la hora y el lugar donde tienen que hacer las redadas para aplastar la revuelta. Efectivamente, intentan detener a los maderistas, pero el movimiento es tan grande para entonces que aun con toda esa enorme ventaja no pueden con él. Además de seguidores, Madero tiene algo que no tuvo ninguno otro de los que intentaron derrocar a Díaz: el apoyo de Estados Unidos. Desde el inicio del movimiento, Pancho Nacho envió emisarios a Washington para solicitar apoyo, y la respuesta fue tan entusiasta que el presidente de Estados Unidos, William Taft, contactó a la gente de Madero con generales del Pentágono para que los asesoraran militarmente, además de presentarles al encargado del tesoro para que no les faltara lana para la rebelión.

El 10 de mayo de 1911 los revolucionarios consiguen tomar Ciudad Juárez y con esta sorpresiva victoria logran el reconocimiento oficial de Estados Unidos. Díaz comprende con eso que sus horas en el poder están contadas y dice lo que dijo Cristóbal Colón: «Hasta aquí llegamos». El gobierno de Díaz firma los tratados de Ciudad Juárez con los revolucionarios, don Porfirio se compromete a dejar el poder y queda como presidente interino el secretario de Relaciones Exteriores, Francisco León de la Barra.

Díaz renuncia a la presidencia el 25 de mayo de 1911. El 6 de noviembre de ese año Madero asume la presidencia. Hay que decirlo, el Apóstol de la Democracia llegó al poder por una revolución, no por unas elecciones. Su periodo presidencial debe concluir en 1914, pues el régimen revolucionario decide regresar al cuatrienio, dejando atrás los recién estrenados sexenios que había inaugurado, poco más, poco menos, don Porfirio en su penúltimo mandato, pues a su edad ya le daba flojera simular elecciones cada cuatro años, así Madero daba garantías de que si el gobierno salía malo, al menos iba a ser breve, pero duró todavía menos.

La principal pendejada de Madero fue pelearse con sus aliados y tratar de hacerse cuate de sus enemigos, con lo cual los que lo apoyaban lo abandonaron, y los que lo detestaban lo traicionaron; pero el error decisivo fue hacer encabronar a los gringos, ellos lo pusieron y ellos lo quitaron. Madero, como médium, siempre consultó en sesiones espiritistas a los muertos para saber lo que iba a pasar, y él no hablaba con cualquiera, a sus trances acudían Miguel Hidalgo, Benito Juárez y hasta Napoleón Bonaparte (con el que hablaba en francés), y todos ellos le garantizaban que iba a triunfar en todos sus proyectos, y que todo lo que hacía estaba perfecto, y que todo en el país con él iba requete bien. Hagan de cuenta las mañaneras del Peje, pero con seres del más allá en lugar de paleros de carne y hueso. Lo curioso es que ninguno de esos espíritus que le vaticinaban el futuro le dijo que el general Victoriano Huerta y el presidente Taft lo iban a empinar, con lo cual se confirma que los muertos con los que se comunicaba eran espíritus chocarreros.

Victoriano Huerta le hace firmar su renuncia a cambio de dejarlo vivir y de irse exiliado a Cuba, Madero considera que no está chido eso de tener que consultar con su propio espíritu para saber si esa es una buena decisión y accede; de cualquier manera, a él y al vicepresidente Pino Suárez los asesinan el 23 de febrero de 1913, justo días antes de que Taft deje la presidencia de Estados Unidos. Todo el relajo que hizo en México quedó arreglado, la versión oficial fue que Madero y Pino Suárez quisieron escapar y tuvieron que acribillarlos, y esto hace que se ponga de moda este chiste en la Ciudad de México:

—¿De qué están hechos los ataúdes?

—De Pino… Suárez.

José María Pino Suárez fue el último vicepresidente de México, pues después de todo lo que pasó con las personas que ocuparon este cargo se llegó a la conclusión de que ese era un puesto que daba mala suerte.

Pedro José Domingo de la Calzada Manuel María Lascuráin Paredes

19 de febrero de 1913 de las 17:15 a las 18:00

Luego de la «renuncia» de Madero, en febrero de 1913 asume el cargo como presidente interino el señor Pedro Lascuráin, que era el secretario de Relaciones Exteriores del gobierno maderista y que solo gobernó el país 45 minutos, de las 17:15 a las 18:00 horas del 19 de febrero de 1913. Así, Pedro pasa a la historia como el mejor presidente de México, ya que no le dio tiempo ni de ensuciar el baño. Acto seguido, el general golpista Victoriano Huerta es nombrado por el presidente interino Pedro Lascuráin «presidente-interino-sustituto-especial», con la encomienda de convocar a elecciones especiales, y que fueron tan especiales que jamás las hizo.

Como vemos, los políticos siempre encuentran la forma de darles un orden institucional a los cagaderos que arman.

Lascuráin era un porfirista y en el fondo de su corazón detestaba a Madero con toda su alma, don Pancho le había dado la chamba de canciller en un afán de conciliar al antiguo régimen con el nuevo y terminó enterrando a los dos regímenes al nombrar a Victoriano Huerta como presidente.

Pedro Lascuráin falleció el 21 de julio de 1952 en la Ciudad de México, a los 96 años, que aun para estos tiempos es notable; pero estoy seguro de que si hubiera sido presidente de México por más tiempo se muere a las 18 horas con un minuto del 19 de febrero de 1913.

Victoriano Huerta

19 de febrero de 1913-15 de julio de 1914

José Victoriano Huerta Márquez es, junto con Benito Juárez, el otro presidente que hemos tenido originario de una etnia indígena. Él era huichol y Benito era zapoteca. Como Juárez, su historia es la de un niño humilde que puede ir a la escuela, se educa y llega a presidente... y también manda matar a los que ocupaban el poder, solo que, en el caso de Huerta, lo hizo apuñalando por la espalda a sus jefes y traicionando después a los que lo apoyaron, mientras Benito Juárez lo hizo peleando de frente contra sus enemigos. Pero sin duda lo que hace que la historia de estos dos indígenas sea tan opuesta es que Juárez ganó y Huerta perdió, y eso siempre es decisivo para que quedes de la fregada en los libros de historia.

Cuando Victoriano era niño, pasó por su pueblo el general Donato Guerra, que a la sazón era gobernador militar de Jalisco, como necesitaba un secretario usó los servicios del chamaco Victoriano, que era de los pocos de su pueblo que sabían leer y escribir; le había enseñado el cura de su pueblo, como a todos los niños, pero fue de los pocos que sí aprendieron. Victoriano tenía además una caligrafía prodigiosa, buena ortografía y también podía usar el manguillo con plumilla como dardo para para cazar lagartijas y comérselas, vio el general que aquel niño no era nada pendejo y le ofreció una beca para estudiar en el Colegio Militar; así fue como Huerta salió de la miseria y se volvió un soldado de carrera.

Donato Guerra, que era ultraporfirista, moriría años más tarde apoyando a Díaz en uno de los tantos levantamientos para tomar el poder después de perder las elecciones. Cuando Porfirio Díaz llegó la presidencia, mandó poner los restos de Guerra en la Rotonda de los Hombres Ilustres; esta era una liga emocional importantísima que unía a Huerta con el régimen porfirista; aunque claro, como buen alcohólico que era, habría podido cambiar todo el amor y lealtad que sentía hacia Donato Guerra y hacia el gobierno de Díaz por una botella de coñac, al cual era tan aficionado que podía terminarse varias botellas diariamente.

Victoriano resultó además ser un genio para las matemáticas, y eso lo llevó a ser uno de los mejores artilleros del ejército mexicano; para poder dar un cañonazo certero son necesarias tres operaciones matemáticas al calcular el ángulo de tiro, y esto hasta nuestros días lo hacen tres artilleros: cada uno realiza una parte de la operación y se pasa al siguiente, y así hasta tener listo el resultado para poder disparar, esto se hace con el fin de que la recarga del arma sea lo más rápida posible y que la operación tenga revisiones para calcular que la parábola del tiro dé en el blanco; bueno, pues Huerta hacía estas operaciones solo y mucho más rápido que tres artilleros.

Pero el verdadero superpoder que tenía Victoriano Huerta era su resistencia para aguantar la peda. Quienes lo conocieron relatan que todos los días terminaba ahogado de borracho hasta altas horas de la madrugada y al día siguiente se levantaba a las 5:00 de la mañana, fresco y con energía suficiente como para marchar todo el día o de plano emprender una campaña militar. Lo que en otros hombres hubiera ocasionado una cruda de muerte, para él no era nada. Si los X-Men hubieran existido en esa época lo habrían reclutado en su equipo.

Irónicamente, el indígena Victoriano Huerta participó en varias campañas para reprimir el levantamiento de indios por todo el país, literalmente de Sonora a Yucatán, y resultó ser buenísimo para eso, con lo que se confirma el viejo refrán de «Para que la cuña apriete ha de ser del mismo palo», y por estas acciones llega al rango de general. Cuando Díaz renuncia a la presidencia, Huerta renuncia al ejército, pero el nuevo gobierno no acepta su baja y le dan la orden de escoltar a don Porfirio hasta que tome el barco y salga del país, no se sabe si porque Pancho Madero confía en él o porque es muy sabido que Porfirio Díaz detestaba a Victoriano Huerta y esta era la última forma de Madero de molestar al viejo.

Después de cumplir su misión como escolta, Huerta vuelve a renunciarle a Madero y este de nuevo no le acepta la renuncia y lo manda a combatir a su antiguo aliado Pascual Orozco, que se había rebelado contra él. En política sabes que ya ganaste porque los que antes estaban contigo ahora te atacan, Huerta vence a Orozco y en esa campaña tiene diferencias con un maderista que se llama Francisco Villa, quien antes de entrar a la revolución de Madero había sido ladrón de ganado. Villa le roba unos caballos a su regimiento y el general Victoriano Huerta lo captura y lo manda fusilar, pero Madero da la orden de perdonar a Villa y lo liberan, Huerta se súper encabrona por esto y le vuelve a renunciar a Madero, pero ¿qué creen? Madero una vez más le rechaza su renuncia y lo pone a perseguir a Zapata, y aquí es donde creo que debemos hacer la siguiente reflexión, vamos a ver: cuando un empleado te renuncia cuatro veces… ¿no te das cuenta de que le cagas?

Sí, lo más sorprendente de la Decena Trágica fue que Madero se sorprendió de que Huerta lo traicionara; incluso su hermano, Gustavo A. Madero, le dijo que corriera a Huerta porque él lo aborrecía y conspiraba en contra suya, pero Madero no le creyó. Luis Urquizo cuenta en sus memorias que cuando los rebeldes se refugiaron en La Ciudadela para tumbar el gobierno de Madero era evidente que

Huerta los apoyaba, pues solo mandaba al matadero a las fuerzas maderistas y dejaba pasar a unidades que se unían a los sublevados, todos le decían esto al presidente pero él no lo creía, era como esos maridos que encuentran a su mujer con otro hombre en la cama y dicen: «Debe ser su maestro de técnicas para dormir mejor». En pleno golpe de Estado Gustavo A. Madero vuelve a pedirle a su hermano que corra a Huerta de inmediato porque lo que está haciendo solo beneficia a los rebeldes; este se entera y se presenta con el presidente con cara compungida diciéndole que se sentía muy triste porque le habían dicho que ya no confiaba en él, y Madero, apenado, le da la certeza de su apoyo, y le presta al último batallón maderista que quedaba para que lo usara contra los amotinados de La Ciudadela; entonces Huerta, como a todos los batallones maderistas, lo mandó en ataques suicidas a hacer cargas de caballería contra las ametralladoras colocadas en los techos del edificio, así fue como perdió Madero en tres días a todas las tropas leales que tenía en la capital.

El arresto de su gran impugnador, el hermano del presidente, Gustavo A. Madero, fue otra obra maestra de la traición. Huerta invitó a Gustavo Adolfo a comer a un lujoso restaurante para celebrar que al día siguiente haría el asalto final contra La Ciudadela y aplastaría la rebelión, y estando ya en el postre le preguntó si tenía pistola, pues la situación en esos días era muy peligrosa, Gustavo Adolfo le dijo que sí, y Huerta le pidió que se la enseñara para explicarle cómo se usaba. Gustavo accedió y se la dio, y con esa pistola lo arrestó y después lo entregó como regalo a los sublevados de La Ciudadela, quienes lo lincharon de una manera atroz.

Después de aquella traición, Victoriano Huerta pactó con el líder de los rebeldes y sobrino de don Porfirio,

Félix Díaz, un acuerdo: este se encargaría de sacar a Pancho Madero del poder y mandarlo al exilio a Cuba; luego asumiría el cargo de presidente interino para convocar a nuevas elecciones, que desde luego ganaría y ¡pum! ¡Ya presidente electo, mi rey! Y todo esto además con la venia y el apoyo de Estados Unidos, ya que su embajador Henry Lane Wilson había organizado todo el plan. Pero como dijo José José: *uno no es lo que quiere, sino lo que puede ser*, y Huerta era básicamente un traidor: primero traicionó el pacto con Madero, ya que en lugar de mandarlo al exilio a Cuba, que ya estaba arreglado, lo asesinó, pero bueno, eso se comprende porque lo odiaba de una manera obsesiva. Huerta luego traicionó a Félix Díaz diciéndole que saliera de México a unas vacaciones en Europa en lo que él organizaba las elecciones, y ya que lo tenía fuera del país, jamás convocó a nada, pero bueno, eso también se comprende: nadie se liga a una chica para dársela a otro. Huerta también traicionó a los gringos, y eso sí no se comprende, Estados Unidos lo apoyó y organizó todo para llevarlo al poder y sostener su gobierno, pero Victoriano era así, no le podía ser fiel ni a la señora con la que engañaba a su esposa, así que en lugar de dar las concesiones petroleras a las empresas de Estados Unidos, Huerta se las dio a las inglesas, y esa fue la pendejada decisiva que acabó con su gobierno. El presidente Woodrow Wilson le levantó la canasta, invadió Veracruz, impidió que entraran balas y armas para su gobierno, y se las dio a manos llenas a los revolucionarios.

En Zacatecas, el gran enemigo personal de Victoriano Huerta, Pancho Villa, gana la batalla decisiva y el Ejército Federal colapsa; Victoriano huye al exilio en 1914.

El resto de su vida se la pasa buscando patrocinadores para regresar al poder y los encuentra con los alemanes, estos le ofrecen un millón de dólares y armas para que vuelva a México y recupere la presidencia para declararle la guerra a Estados Unidos, y así impedir que estos entren en la Primera Guerra Mundial. Por supuesto, Huerta traicionó también a los alemanes, se quedó con la lana y solo hizo como que quería regresar a México, lamentablemente estos planes fueron conocidos por el servicio de espionaje de Estados Unidos y lo arrestaron en El Paso, Texas. Lo liberaron poco después debido a su delicado estado de salud, pues tenía una avanzada cirrosis y no querían que se les muriera en prisión. Falleció unos días después de quedar libre, el 13 de enero de 1916; su hígado estaba hecho pomada, al parecer se gastó en botellas de coñac todo el dinero que le dio el káiser para hacer otra revolución en México.